개혁을 꿈꾼 과학사상가 홍대용의

# 의산 문답

醫山問答

개혁을 꿈꾼 과학사상가 홍대용의

# 의산문답

초    판 1쇄 인쇄 2006년 4월 15일
개정판 2쇄 발행 2015년 6월 30일

지 은 이 | 홍대용
옮 긴 이 | 이숙경, 김영호
펴 낸 이 | 김태화
펴 낸 곳 | 파라북스

편집기획 | 전지영
디 자 인 | 박광자
마 케 팅 | 박경만

등록번호 | 제313 - 004 - 00003호
등록일자 | 2004년 1월 7일
주        소 | 서울특별시 마포구 서교동 247-17 3F
전        화 | 02) 322 - 5353  팩스 | 02) 334 - 0748

ISBN 978-89-93212-52-5 (03900)

*값은 표지 뒷면에 있습니다.

개혁을 꿈꾼 과학사상가 홍대용의

# 의산 문답

醫山問答

홍대용 지음, 이숙경·김영호 옮김

파라북스

# 차례

# 일러두기

이 책은 모두 세 부분으로 나뉘어 있다.

1. ≪의산문답≫의 저자 홍대용과 그가 살았던 18세기 조선에 대한 설명과
   ≪의산문답≫해제를 실은 부분. (이숙경 풀어씀)

2. ≪의산문답≫을 한글로 번역한 부분. (이숙경 옮김)

3. ≪의산문답≫의 원문을 그대로 실은 부분.

이 가운데 두 번째 부분, 즉 홍대용이 1766년 한문으로 저술한 ≪의산문답≫을 한글로 번역한 부분에서는, 번역에 있어 원문에 충실히 따랐으나 전공서가 아니므로 가능하면 좀 더 쉽고 편하게 읽을 수 있도록 원문과 달리 쓴 부분이 있다.

1. 원문은 장과 절의 구분 없이 하나의 글로 이루어져 있지만, 이 책은 그 내용에 따라 여러 개의 장과 절로 구분하였다. 각 장 뒤에는 그 장을 이해하는 데 도움이 되도록 현대적 관점에서 해설(김영호 풀어씀)을 덧붙여놓았다.

2. 원문의 문단과 이 책의 문단은 서로 다르다. ≪의산문답≫은 묻고 답하는 형식이므로 질문과 답을 각각 한 문단으로 만들어 내용이 한눈에 들어오도록 하였다.

3. 원문의 용어를 그대로 직역하지 않고 뜻을 훼손하지 않는 범위에서 쉬운 말로 바꾸었으며, 옛 지명은 오늘날의 지명으로 바꾸었다.

4. 원문에 생략되었거나 없는 말을 삽입해 본래의 내용이 쉽게 이해되도록 하였다.

5. 원문에는 주석이 없지만, 이 책에서는 독자들이 내용을 이해하는 데 도움을 주기 위해 주석을 적극적으로 활용하였다. 주로 용어, 인명, 역사적 배경 등에 대한 설명이 많다.

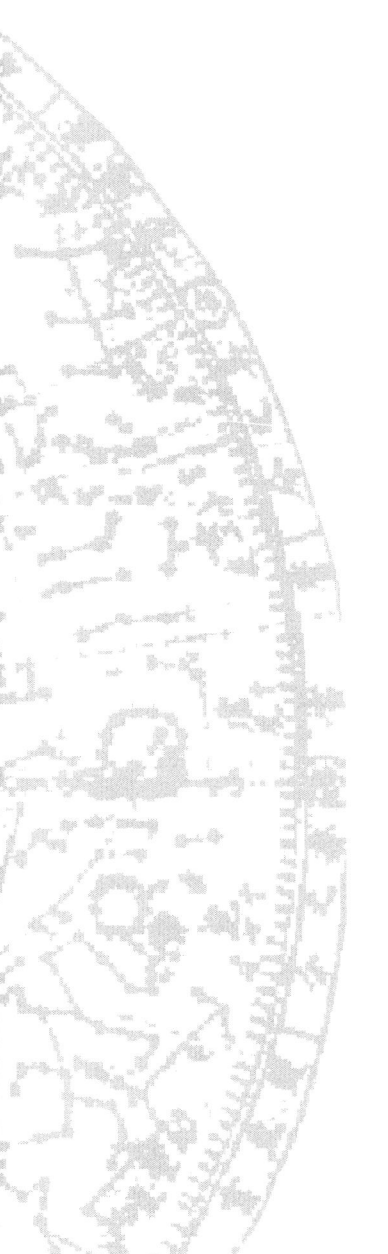

# 과학사상가 홍대용과
# 18세기 조선

○

○

# 18세기 조선사회의 변화와 실학

　18세기의 사회에서 가장 큰 문제는 농민들의 토지 이탈이었다. 이 것은 이앙법의 실시로 농업생산력이 증가하고 광작이라는 농업경영 으로 농사에 필요한 노동력이 줄어들면서 나타난 현상이었다.

　이앙법은 모내기를 하는 시기에 물이 절대적으로 필요한 농법이었 다. 수리시설이 갖추어져 있지 않으면 한 해 농사를 모두 잃어야 하는 위험이 있었다. 18세기에 이르면 농민들은 냇물을 막아 만드는 보洑 와 같은 작은 규모의 수리시설을 개발하여 이앙법을 넓게 시행할 수 있었다. 이앙법은 이전의 직파법에 비해 잡초 제거 등의 수고를 줄일 수 있어 노동력을 덜어주었고, 생산량의 증가를 가져왔다. 하지만 이 앙법의 시행으로 농민 1인당 경작할 수 있는 토지의 양이 2배 내지 5

배 정도까지 늘어나자 지주들은 소작농에게 주었던 토지를 직접 경작하는 방법으로 이익을 극대화하였고, 결국 소작농들은 소작지를 잃게 되었다.

전체적인 농업 생산력은 증가하였지만 그 혜택은 대체로 지주들과 소수의 자영농에게 돌아가고, 많은 농민들은 토지에서 이탈할 수밖에 없었다. 이들은 토지와 고향을 떠나 떠돌거나 흉년이 들면 굶주려 죽을 수밖에 없는 처지가 되었다.

숙종 때부터 많은 유민이 발생하였는데, 숙종 43년[1717년]에는 충청도에서 약 10만 명의 유민이 발생하였고, 영조 9년[1733년]에는 경상도에서 약 17만 명의 유민이 발생하였다. 더구나 이 해에 충청도와 경상도에 기근이 들어서 약 40만 명이 굶주리고, 굶어 죽는 사람이 1만 3,000여 명이나 생겨났다. 이후 영조 39년[1763년]에도 호남지방에 기근이 들어 약 50만 명이 굶주리게 되었다.

당시는 부익부 빈익빈 현상이 심해지고 농민들의 불만은 사회불안으로 이어져서 사회를 안정시키기 위해서는 이를 해결해야 했다. 그런데 조선의 지배층들은 이에 대한 대책을 세우지 못했고, 오히려 자신들의 지위를 공고히 하기 위해 성리학적 질서를 강화하려 하였다. 성리학만을 정학으로 보고 그 외에는 어떠한 사상이나 이념도 수용하지 않았다. 천주교는 말할 것도 없고 유학의 일파인 양명학까지도 이단으로 배척했다.

현실을 개혁해야 하는 상황에서 사회는 성리학을 극복할 수 있는 새로운 사상을 요구하였고, 이러한 요구에 따라 실학이 등장했다. 실학은 기존의 성리학을 비판하고 개혁하고자 한 학문이었다. 따라서 실학에서 학문의 중심은 현실 문제를 해결하려는 의지와 연결되어 있었다.

우선 실학자들은 농촌의 어려운 형편을 극복하고 농민들의 이농현상을 막아보려고 하였다. 이를 위해 가장 시급한 것으로 토지제도 및 농업경영의 개선을 꼽았다. 유형원은 토지를 국가가 공유하고 농민들에게 일정량의 경작지를 분배하는 균전제를, 박지원은 가구당 토지소유 면적을 국가가 정하고 그 이상의 토지소유를 제한하는 한전법을 주장하였다.

이들의 주장은 조금씩 다르지만, 토지제도를 개혁하여 일부 지주에게 토지가 집중되는 현실을 바꾸고 모든 백성들이 일정한 토지를 소유하고 경작하도록 한다는 점에서는 같았다. 그들의 목적은 곧 농촌의 경제적 어려움을 덜고 농민을 안정시키려는 데에 있었다.

이와 함께 18세기에는 물품과 재화의 생산이 크게 늘어나고 인구가 증가하여 상업이 활발하였다. 그에 따라 상인들 사이의 경쟁이 심해졌고 매점매석을 하는 상인들이 나타났다. 이들이 물건을 독점하자 물가는 오르고, 높은 물가로 고생하던 백성들은 반발하였다. 따라서 박제가는 물가를 안정시키기 위해서는 재화가 잘 유통되어야 한다고 주장하였다. 재화가 원활하게 유통되고 상업이 발달하면 물가가 오르는 문제도 해결될 수 있다고 본 것이다.

　그러나 상인에 대한 사회적 천시는 여전하였다. 성리학에서는 농업을 근본으로 하고 상업을 천하게 여겼기 때문이다. 실학자들은 이런 문제를 해결하기 위해 우선 상업을 천하게 여기는 생각이 바뀌어야 하고, 상인의 관직진출을 막는 법이 없어져야 한다고 주장하였다. 사회가 변화했으므로 상인을 대하는 생각도 변해야 상업이 제대로 발달하고, 궁극적으로는 백성들의 어려움을 해결할 수 있다고 보았던 것이다.

　또한 실학자들은 양반 중심의 신분제 사회인 조선사회를 새롭게 개편하고자 하였다. 당시는 이미 신분제도의 변화가 일어나고 있었다. 정치적 진출이 막히고 경제적으로도 곤궁한 양반이 생기면서 정치적으로도 경제적으로도 양반의 신분을 유지할 수 없는 몰락양반이 나타나기도 했다. 따라서 실학자 중에는 양반과 양인, 노비 간의 차별에 대해 반대하거나 노비제도가 잘못된 것이라고 주장하는 학자들이 생겨났다. 특히 관직도 없는 양반층이 노비를 부리며 놀고먹는 구조를 비판하면서, 이것을 조선이 경제적으로 곤궁해진 이유의 하나로 들었다.

　이를 개혁하기 위해서 유형원과 홍대용은 문벌을 폐지하고 학교제도와 관리임용제도를 개선하자고 하였다. 누구에게나 균등한 교육의 기회를 주고 신분이 아닌 개인의 능력에 따라 관리를 선발해야 한다고 주장하였다.

정치적인 문제를 해결하기 위해서 실학자들은 관료제도와 과거제도가 달라져야 하고, 하나의 붕당이 정권을 장악하는 일이나 이권만을 좇는 관료는 없어져야 한다고 보았다. 이를 위해 홍대용은 왕권이 강화되어야 하며 실질적으로 국왕이 관리에 대한 임명권을 가져야 한다고 주장했다. 이익은 과거제가 개인의 재주만으로 관리를 선발하는 것이기에 한계가 있다며, 재주와 덕행을 겸하여 인재를 선발하는 제도인 천거제를 더불어 시행해야 한다고 주장했다. 홍대용 또한 과거제도를 폐지하고 일종의 천거제인 공거제를 주창했는데, 의무교육을 통해서 배출되는 인재 가운데 능력에 따라 태학의 추천을 받아서 관리를 선발하자는 것이었다. 그러면 능력도 없고 덕행도 없는 사람들이 문벌에 의해 관리가 되는 일을 막을 수 있다고 보았다.

이 같은 실학자들의 의식변화는 중국에 대한 인식이 달라진 데에 기인했다. 세계의 중심으로 여겼던 한족의 명나라가 망하고 만주족이 세운 청나라가 중국을 지배한 이후부터 조선 유학자들은 유학을 이어받은 나라는 조선이라며 성리학적 소중화의식을 갖게 되었는데, 이에 대한 비판과 반성이 나타나기 시작하였다. 이것은 청나라에 대한 인식의 변화를 의미한다. 이익은 청이 지배하는 중국을 한족의 중화문명과 동일시하고, 청을 세운 여진족을 오랑캐라고 여기는 인식은 버려야 한다고 주장했다. 그는 중국 중심의 천하사상을 부정하고 모든 나라의 독자적인 문화를 인정했다.

특히 획기적인 인식의 전환을 가져온 사람은 홍대용이었다. 그는 중국에 가서 청의 문물을 직접 보고 서양과학을 적극적으로 수용하면서, 그동안 오랑캐라고 불렸던 민족들의 문화에 대해 다양성과 독자성을 인정하였다. 이를 바탕으로 홍대용은 청의 문물을 적극 수용하자는 북학론을 제시하였고, 이와 같은 사고의 전환은 사회 전반에 대한 개혁을 주장하는 근원적인 힘이 되었다.

18세기에 들어와 조선에서는 농업과 상업을 비롯해 사회 전반에서 변화가 일어났다. 이로 인해 여러 문제점들도 함께 드러났는데, 이를 해결하기 위해 실학자들은 새로운 사상을 바탕으로 새로운 문물을 수용하여 조선의 정치 · 경제 · 사회적 개혁을 해나가야 한다고 주장했다. 그러나 그들이 주장한 대로 당시 토지개혁이 이루어져서 모든 농민이 토지를 소유하거나, 상업활동이 더욱 활발해져 물가가 안정되고 아울러 상인의 지위가 향상된 것은 아니었다. 더구나 신분을 넘어서서 능력 위주로 관리를 선발하게 된 것도 아니었다. 하지만 그들의 사상과 개혁의지는 올바른 사회로 나아가는 지표로서 역할을 했고, 점진적으로 사회변화를 이루는 데 숨은 원동력이 되었다.

# 홍대용의 생애

　홍대용은 1731년영조 7년 3월 1일 충청도 천원군지금의 천안시 수촌마을에서 노론 가문의 맏아들로 태어났다. 할아버지 홍용조는 사간원 대사간을 지냈고, 아버지 홍력은 나주목사를 역임했다.

　12세 되던 해영조 18년, 1742년에 석실서원으로 들어가 김원행에게서 배웠는데, 유학 경전의 문장과 구절을 달달 외우는 공부는 하지 않기로 마음먹는다. 덕분에 유학은 물론 도교, 불교 등을 아우르는 폭넓고 유연한 사상체계를 갖추었으며, 수학, 천문학 등 과학 분야에서도 상당한 학식을 쌓았다.

　21세 되던 해에는 송시열과 윤증 사이의 분쟁에서 송시열을 비난하고 윤증을 변호하는 말을 하였다. 윤증은 송시열의 문하에서 배운 제자였고 이 둘은 같은 서인이었으나, 남인에 대한 입장을 달리하였다. 남인에 대해 강경한 입장이었던 송시열 등이 노론이 되었고, 온건한 입장이었던 윤증 등은 소론이 되었다. 홍대용은 자신의 스승이었던 김원행이 가장 존경하는 송시열을 비난하였고, 이로 인해 스승에게 지나치다는 꾸지람을 들었다. 게다가 홍대용의 가문은 노론 집안이었다. 그런 그가 노론인 송시열을 비판하였다는 것은, 그가 가문이나 다른 사람들의 견해에 휩쓸리지 않고 자신만의 입장을 분명히 드러내는 성품이었음을 보여준다.

29세에는 아버지가 나주목사로 부임해 나주로 내려가 머물렀다. 이때 실학자이자 과학기술자인 나경적을 만나 함께 혼천의와 서양식 자명종 등을 만들기 시작했다. 혼천의는 천체의 운행과 그 위치를 관측하는 기구이다. 32세에 두 대의 혼천의와 자명종을 완성해 고향인 수촌마을에 설치하고 '농수각'이라고 불렀다. 이 무렵은 홍대용에게 과학사상가로서의 토대가 되었던 시기로, 직접 혼천의 등의 과학기구를 제작하는 열의가 이후 북경에 가서 서구 문물을 보고 과학사상을 적극 받아들이는 밑바탕이 되었다.

35세 때 서장관이 된 숙부 홍억의 추천으로 자제군관이 되어 마침내 북경 여행을 하게 되는데, 북경에서 60여 일간 머무르며 많은 경험을 한다. 북경에 도착한 그는 먼저 천주당에 여러 번 방문하는데, 천주교 자체보다는 선교사들이 가진 자연과학에 대한 지식에 관심이 있었기 때문이다.

천주당을 방문한 첫날에 서양 건축과 응접실 벽면에 그려진 천하지도와 천문도를 보고 감탄하였다. 또한 천주당 내에 설치되어 있던 파이프오르간과 자명종을 관찰하고 오르간의 제작과 소리가 나는 원리에 대해 이야기하는 등 깊은 관심을 나타냈다.

홍대용은 북경에 갈 때부터 그곳에서 뜻맞는 선비들을 만나기를 기대했다.

"압록강을 건너면서부터는 새로운 것이 없지는 않았지만 내가 크게 원하는 바는 한 사람의 아름다운 수재나 마음 알아주는 사람을 만나서 그와 더불어 실컷 이야기해보고 싶은 것이다."

그는 실제로 뜻을 이루어 북경에서 엄성嚴誠. 반정균潘庭均, 육비陸飛 등 세 선비를 만나 의형제를 맺는다. 홍대용은 귀국한 해 ≪건정동회우록≫ 3권을 만들었고 여기에 박지원이 서문을 썼는데, 그의 서문을 보면 홍대용과 세 선비와의 교류를 잘 알 수 있다.

홍군 덕보(홍대용의 자)가 일찍이 말 한 필을 타고 사신을 따라 중국으로 가, 시내 거리에서 방황하고 서민 속에서 맴돌다가 항주(항저우)에서 유학하는 선비 세 사람을 만났다. 이에 남이 보지 않는 틈에 여관으로 찾아가니, 옛 친구와 같이 반기면서 천인 성명의 근원, 주자와 육상산의 학술의 구분, 진퇴와 소장의 기미, 출처와 영욕의 분수 같은 것에 대해 상세하게 토론하였다. 그런데 참고한 근거와 잘못된 것을 고치고 모자란 것을 보탬에 있어서 일치하지 않는 것이 없었으며, 서로 충고하고 선도해주는 말이 모두 지성과 측은한 마음에서 나온 것이었다. 처음에는 지기의 벗으로 사귀다가 마침내는 형제가 되기로 결의하여, 서로 사모하고 좋아하기를 즐기는 것과 같이 하고 서로 저버리지 않기를 굳은 맹서와 같이 하여 그 의리가 사람들을 감읍시킬 만했다.

박지원은 이 글을 홍대용의 말을 듣고 썼을 것이다. 여기에서 홍대용은 이들 선비들과 함께 주자와 육상산의 학술에 대해 이야기하였다. 육상산은 성리학자이지만 주자와는 다른 학설을 가졌고 후에 왕양명이 그를 이어 양명학을 일으켰으니, 양명학파 학설의 뿌리에 해당한다고 하겠다. 당시 조선에서는 주자와 다른 학파에 대해서는 토론하는 것이 어려웠다. 홍대용은 국내에서는 토론하기 힘든 학설을 세 선비와 더불어 이야기하며 자신의 사상을 굳혔을 것이다. 중국 연행 이후 말년에 쓴 ≪의산문답≫에서 성리학의 문제점들을 꼼꼼히 짚어내는 데에도 이러한 토론이 바탕이 되었다.

이에 대해 박지원은 "번다한 형식을 타파하여 까다로운 절차를 씻어버리고 진정을 피력하고 간담을 토로했으니, 그 규모의 큼이 어찌 소문이나 명예, 세력이나 이익의 길에 매달려 좀스럽게 악착같은 짓을 하는 사람들과 같겠는가?"라고 평가했다.

북경에서 돌아온 다음해인 1767년<sup>37세</sup>에는 부친상을 당했고, 3년 상을 마친 다음에는 명예와 부에 대한 욕심을 버리고 과거도 포기한 채 오직 마음을 씻고 고요함을 지켰다. 44세<sup>1774년</sup>에 음직<sup>과거가 아니라 아버지나 할아버지의 공으로 관직을 얻는 것</sup>으로 관직에 나아갔다. 당시 실학자 이송과 친하게 지내며 그와 함께 동해안과 낙산사를 유람하였는데, 이때 관리가 내려와 선공감 감역에 제수되었다고 알렸다.

이후 그는 돈녕부<sup>왕실 친척들의 친목을 위한 사무를 맡아보던 곳</sup> 참봉을 거쳐 세손을 호위하는 시직이 되었는데, 이때 세손이 나중의 정조 임금이다. 46세<sup>1776년</sup> 되던 해 영조의 뒤를 이어 정조가 즉위하였고 홍대용은 사헌부 감찰로 승진되었다가 나중에 종친부 전부에 전직되었다. 외직으로는 47세에 태인 현감을 제수받았고, 50세에 영천군수로 승진하였다. 53세에 어머니를 봉양하기 위해 영천군수를 사직하고 고향으로 돌아왔는데, 그해 중풍으로 생을 마감한다.

그가 죽자 벗인 이송이 묘표를 썼는데, 거기에서 홍대용이 자신의 관직생활에 대해 어떤 생각을 가지고 있었는지 엿볼 수 있다.

　서울 중앙의 자그마한 관직은 다만 공문서의 지시·계획대로 하면 되는 것이므로, 이것은 마치 소나 양을 키우고 회계를 맞추는 것과 같습니다. 옛날에 공자도 이런 일을 하였기에 이것이 비록 성인이 하던 일이라고는 하나, 어렵지는 않습니다. 그리고 외직으로 오직 주와 현을 맡는 것은 내 뜻을 행하여볼 만한데, 이것 역시 상부 관청과 지방 토호들이 방해하고 막아서 뜻을 펴보거나 혼자 애쓸 것이 없습니다. 그저 조심스럽게 열쇠나 잘 보관하고 법률을 지킬 따름입니다. 그리고 나의 성품은 자잘한 일에 빠져 세밀하게 처리하는 것을 좋아하지 않고, 또 겉으로 위엄을 부려 몸가짐을 무겁게 하는 일은 잘 되지 않습니다. 오직 공평하고 청렴한 것으로 위엄을 낳으면서 해이하게 일을 버려두지 않았으니, 다만 이것이 내 벼슬살이의 치적이겠습니다.

≪의산문답≫을 보면 홍대용은 이 같은 문제의식과 그에 대한 개혁 방안도 분명히 가지고 있었음을 알 수 있다. 그러나 현실의 벽 앞에 그 실천은 멀기만 하였다. 그는 기득권층의 의식변화가 있어야만 진정한 개혁이 가능하다는 것을 절실히 깨달아, 이를 강조하였던 것이 아니었을까?

물론 홍대용은 개혁사상뿐만 아니라 뛰어난 실무능력도 지니고 있었던 것으로 보인다. 박지원은 홍대용의 묘지명에서 "그들은 덕보<sup>홍대용</sup>가 서물을 종합 정리하고 뒤섞인 것을 잘 맞추어서 국가 재정을 맡고, 멀리 떨어진 지역에 사신으로 갈 만하며, 거느리고 제어하는 기략이 있다는 것을 모른다"고 하였다.

홍대용은 자신의 뜻을 담은 문집 여러 권을 남겼다. 대표적인 문집은 호를 제목으로 삼은 ≪담헌서≫이다. 홍대용이 자신의 글을 모아 내집·외집을 합해 15책으로 엮은 것인데, 그 가운데 ≪주해수용≫·≪임하경륜≫·≪의산문답≫은 홍대용의 사상을 이해하는 데 중요한 작품이다. 이외에도 ≪사서문변≫·≪소학문변≫·≪심성문≫·≪을병연행록≫·≪건정동필담≫ 등 여러 저술이 들어 있다.

그 내용을 간단히 살펴보면, 먼저 ≪주해수용≫은 수학·지리·천문·음악을 아우르는 박물학적인 지식체계로 구성되어 있어서 홍대용의 자연과학적 사고를 잘 보여준다. ≪임하경륜≫은 나라를 경영하고 백성을 다스리는 데 있어 그의 포부와 그 실현을 위한 구체적 방안으로 이루어져 있다. 홍대용은 이 책에서 행정조직·통치기구·관제·농업·교육·군사·통치원리 등 국가의 전 분야를 언급하고 있다. 교육에 대한 것을 보면 그는 각 면에 학교를 하나씩 두고, 8세 이상의 아이들은 모두 교육을 받을 수 있도록 해야 한다고 하였다. ≪의산문답≫은 허자와 실옹을 내세워 성리학의 헛된 부분을 비판하고 실학적인 과학사상을 바탕으로 사회개혁의 실천을 주장한 것이다. 그 내용 가운데 지구 자전설 등 당시로서는 놀라운 과학적 견해가 담겨 있다.

≪사서문변≫은 대학·논어·맹자·중용의 사서에서 의심스러운 부분에 대해 조목별로 질문한 것이다. 주자의 해석에 대해 반론을 거

침없이 제기하고 있는 점이 주목된다. ≪소학문변≫은 주자가 덕과 업을 나누어 설명하는 것에 반대하여 마음에 얻은 것으로 말하면 덕이고, 일이 이루어진 것으로 말하면 업이니 실제로는 한 가지라고 하였다. ≪심성문≫은 심성이기설에 관한 자신의 견해를 간단하게 말한 것으로 당시의 성리설에 대해 비판적인 입장에서 다루었다. ≪을병연행록≫은 6개월간 중국을 여행한 내용을 기록한 것이고, ≪건정동필담≫은 북경에서 만난 세 선비 엄성·반정균·육비와의 필담을 기록한 것이다.

≪의산문답≫이 아닌 다른 저술에서도 알 수 있듯이 홍대용은 주자의 학설이나 사서의 내용을 그대로 따르지 않고 의문이 있으면 이를 밝히고 자신의 생각을 글로 남겼다. 이런 성리학에 대한 비판적인 입장과 자연과학적인 지식이 모여 ≪의산문답≫이라는 작품이 나올 수 있었다. 그리고 ≪의산문답≫에 보이는 사상을 바탕으로 ≪임하경륜≫에서 볼 수 있듯이 구체적인 국가 경영 계획도 갖고 있었다. 직접적인 실행은 결국 현실의 한계로 이루어지지 못했지만 당시의 문제점을 제대로 파악하고 이를 개혁하고자 하였던 그의 사상과 의지는 오늘날도 여전히 절실하게 필요한 지식인의 덕목이라 하겠다.

# 의문산답의 해제

　《의산문답》은 홍대용의 자연과학 사상을 가장 잘 알려주는 글로, 북경에 다녀온 후에 쓴 것은 분명해 보이지만 언제 저술한 것인지는 정확하지 않다. 가상인물인 허자와 실옹, 두 사람이 서로 묻고 대답하는 형식으로 되어 있는데, 허자는 당시의 전통적이고 세속적인 학문에 얽매여 있는 성리학자를 대표하고, 실옹은 청나라와 서구의 새로운 지식을 받아들인 실학자를 대변한다.

　전체적으로 보면 《의산문답》에서 홍대용은 성리학의 거짓된 예의와 학문적 한계를 지적하고, 인간과 만물에 대한 의견, 천문 지리와 천체의 운행, 중국 중심의 화이관의 문제점 등을 말하고 있다.

　먼저 성리학의 거짓된 예의와 학문적 한계에 대해서는 다음과 같이

24

밝히고 있다. 실옹은 허자에게 겸손함을 꾸며서 거짓 공손으로 스스로를 현자라 여기고, 다른 사람도 얼굴과 음성만으로 판단하여 현자로 만든다고 지적했다. 마음이 헛되고 몸가짐이 헛되면 모든 일이 헛되어, 결국은 천하를 어지럽히는 것과 같다고 하였다. 또한 유학자들이 공자의 업적은 높이면서 그의 진리는 잊었고, 공자의 말을 익히면서도 그 본의는 잃어버렸다고 하였다. 올바른 학문을 붙잡으려는 것도 실상은 자랑하려는 마음에서 나온 것이고, 사악한 학설을 물리치려는 것도 실상은 이기려는 마음에서 나왔다고 하였다. 또한 어짊[仁]으로 세상을 구제하려는 것도 실상은 권력을 유지하려는 마음에서 나왔고, 명철함으로 몸을 보전하려는 것도 실상은 이익을 얻으려는 마음에서 나온 것이라고 보았다.

이와 같은 실옹의 이야기 속에서 홍대용은 당시 성리학의 거짓된 예의와 학문적 한계로 인해 성리학이 이미 진실함을 잃었으며, 성리학자들은 이기심과 권력 욕심을 채우기 위한 방패막이로 성리학을 내세우고 있음을 지적했다. 결국 그는 성리학이 다양한 비판을 수용하고 새롭게 변화하지 않는 한 더 이상 조선사회를 지탱하는 사상적 기반이 될 수 없다고 생각하였다.

인간과 만물에 대한 서술을 보면 홍대용의 사상을 좀 더 자세히 알 수 있다. 허자는 천지간의 생물 중에는 오직 사람만이 귀하다고 보았다. 짐승과 초목은 지혜와 깨달음도 없고 예법과 의리도 없으니, 사람이 짐승보다 귀하고, 초목은 짐승보다 천하다고 하였다. 이에 대해 실 옹은 오륜五倫 등은 사람의 예의이고, 떼를 지어 다니면서 서로 불러 먹이는 것은 짐승의 예의이며, 여러 줄기가 하나로 뭉쳐져 잎이 무성한 것은 초목의 예의라고 하였다. 이는 사람의 입장에서 만물을 보면 사람이 귀하고 만물이 천하지만, 만물의 입장에서 보면 만물이 귀하고 사람이 천한 것이 된다는 것이다. 결국 이것은 하늘의 입장에서 보면 사람이나 만물이나 다 마찬가지라는 인물균人物均 사상이다.

홍대용은 이처럼 인간 중심적인 사고에서 벗어나 사람도 자연의 일부분이라고 생각했는데, 이러한 생각이 중요한 의미를 갖는 이유는 사람은 모두 평등하다는 것으로 확장되기 때문이다. 실제로 홍대용은 조선사회의 신분제도를 개혁해야 한다고 주장했다.

자연에 대한 홍대용의 관심은, 다른 한 편으로 천문 지리와 천체의 운행에 대한 것까지 확대되었다. 그는 땅은 둥글며 하루에 한 번씩 자전한다고 주장하였다. 땅이 둥근 이유는 만물의 형체가 모두 둥글고 모난 것이 없기 때문이며, 일식과 월식을 볼 때 가려진 모습이 둥근 것을 보면 달과 땅이 둥글기 때문이라고 하였다. 또 땅이 평평하다면 높은 곳에 올라가면 태산이나 해외에 있는 나라들까지 다 보여야 하지만 그렇지 않다는 것도 이유로 들었다.

그러면 홍대용은 둥근 지구에서 사람과 만물이 떨어지지 않고 지구의 표면에서 살아갈 수 있는 것은 어떻게 설명했을까? 이것은 지구의 자전과 관련 있는 것으로 보았다. 지구가 돌면서 지구 둘레에 상하의 세력이 생기는데, 이렇게 생긴 상하지세는 지구 중심을 향해 밀려들어 지구 중심으로 쏠리는 힘을 만들어준다는 것이었다.

특히 지구가 하루에 한 번씩 자전한다는 지전설<sup>지동설</sup>은 홍대용의 자연관 가운데 가장 주목받는 주장으로 동양 최초로 제기된 것이다. 지구의 자전은 당시 실학자나 서양학자들의 글에서는 흔히 볼 수 없는 부분이다. 이것이 홍대용 개인의 독창적인 주장이든, 중국에 가서 듣고 적은 것이든, ≪의산문답≫에서 지구의 자전설을 분명히 언급한 것은 의미 있는 일이라고 할 수 있다. 서양에서 이단시되던 지동설<sup>지전설</sup>에 대해 적어도 홍대용은 누구보다 확신을 가지고 있었다는 것을 알 수 있기 때문이다.

또한 홍대용은 지구의 어느 곳에 살던 자신들이 사는 곳을 세상의 중심으로 보아야 한다고 생각했다. 세상의 중심은 정해져 있는 것이 아니라 어디든 될 수 있기에 상대적인 것이라고 보았다. 이것은 중국이 지리적으로나 문화적으로나 세계의 중심이라는 중화사상의 부당성을 지적한 것이었다.

중국 한족의 명나라가 망하고 만주족이 세운 청나라가 들어선 이후 조선에서는 청나라의 문물을 오랑캐의 문물이라고 천하게 여기면서 청나라의 새로운 문물을 선뜻 받아들이지 못하고 있었다. 따라서 당시 중국 한족 중심의 중화사상이 잘못되었다는 지적은 새로운 문물과 사상을 받아들임에 있어 매우 중요한 인식의 변화라고 할 수 있다. 다음의 글을 보면 문화의 다양성과 상대성을 인정하는 그의 현실적인 개혁사상을 잘 느낄 수 있다.

> 하늘에서 본다면 어찌 안과 밖의 구별이 있겠느냐. 각각 자기 나라
> 사람을 서로 사랑하고, 자기 임금을 높이며, 자기 나라를 지키고, 자
> 기 풍속을 좋게 여기는 것은 중국이나 오랑캐가 마찬가지이다.

하늘에서 본다면 중화와 오랑캐의 구별이 없고, 사람들은 각기 자신들이 살고 있는 곳의 풍습을 귀하게 여기기에, 문화적인 면에서도 굳이 중국 한족의 문화만을 뛰어난 문화라고 볼 수 없다는 것이다. 이러한 생각은 명의 문화를 귀하게 여기고 청의 문화를 천하게 여겼던 당시 조선의 성리학자들과는 획기적으로 다른 생각이었다. 따라서 종족에 상관없이 그 문화가 우리의 실생활에 필요하고 당면한 문제를 해결할 수 있다면 적극적으로 받아들여야 한다고 주장했다. 즉, 홍대용은 중화사상에 빠져 있던 당시 지배세력에게 역외춘추를 표방하며 주체적인 역사인식과 세계관을 가져야 한다고 주장한 것이다.

이외에도 그는 풍수지리는 물론 자연계의 현상과 인간행위 사이에는 상관관계가 있다고 보는 재이설<sup>災異說</sup> 등을 미신이라고 보았다. 일식이나 월식이란 달과 지구가 해를 서로 가리는 데 따라 생겨나는 것

이지 재이설과는 무관하다고 설명했다. 또한 태극에서 음양이 나오고, 음양의 조화에 의해 계절이 변하고 오행이 나온다는 것을 부정하였다. 홍대용은 음양이란 기가 따로 존재하는 것이 아니고, 단지 햇볕의 강약에 따라 나타나는 것이라고 하였다. 오행설에 대해서도 물질의 근본이 반드시 다섯 가지일 수 없다면서, 이는 후세 사람들이 복잡한 이론으로 발전시켜놓은 것일 뿐이라고 하였다.

≪의산문답≫은 천체와 만물, 자연의 이치를 과학적으로 언급하면서, 한편으로는 변화하는 시대에 필요한 사상적 토대를 마련해주는 홍대용의 고뇌의 산물이다. 여기에서 홍대용은 성리학이 학문의 본질에서 벗어났고 더 이상 현실을 이끌 힘이 없기에, 성리학과는 다른 자신의 생각을 조목별로 이야기하고 있다. 즉, 성리학이 사람 중심인 데 반하여 자연의 입장에서 보면 사람이나 동물·식물이 다를 것 없다는 점, 지구는 둥글고 자전한다는 점, 중국이 세계의 중심이 아니라는 점, 상대적인 관점에서 본다면 문화적으로도 중국의 문화가 우수한 것이 아니라는 점 등이다. 홍대용의 ≪의산문답≫은 자연과학적 지식을 바탕으로 성리학적 사상이 잘못된 점을 지적하고, 조선의 지식인들이 새로운 문물을 사상적 충돌 없이 받아들여, 이용후생적인 방법으로 조선사회의 문제를 개혁하고자 했던 고뇌의 산물이었던 것이다.

# 의산문답

# 01 허자, 세상을 나와
## 실옹을 만나다

## 30년 공부한 허자, 실옹을 만나다

허자는 숨어 살면서 30년 동안 독서를 하며 하늘과 땅의 조화는 물론 사람의 본성과 우주 만물을 지배하는 하늘의 뜻이 무엇인지, 그 은밀함을 연구하였다. 이에 오행[1]의 근원과 삼교三敎:유교·도교·불교의 진리를 모두 깨달아, 사람의 도리를 바탕으로 만물의 이치를 제대로 이해하게 되었다.

그렇게 심오한 원리를 훤히 안 다음에 세상으로 나와서 사람들에게 이야기하였더니, 듣는 사람마다 비웃지 않는 사람이 없었다. 이에 허자가 탄식하며 말했다.

"아! 작은 지혜를 가진 사람과는 큰 것을 말할 수 없고, 천박한 세속 사람과는 도를 말할 수 없구나."

그러고는 곧장 서쪽으로 가 중국의 북경에 이르러 여관에서 60일 동안이나 묵으며 여러 선비들과 더불어 다양한 이야기를 나누었다. 하지만 끝내 자기를 진정으로 알아주는 큰 인물은 만날 수가 없었다. 허자는 더욱 긴 한숨을 내쉬면서 슬피 탄식하며 말했다.

"중국의 주나라를 다스렸던 주공[2]이 쇠했는가? 철인이 병들었는가? 아니면 나의 도가 잘못되었는가?"

허자는 할 수 없이 짐을 꾸려서 돌아오게 되었다. 돌아오는 길에 허자는 중국과 우리나라 경계에 있는 큰 산인 의무려산[3]에 올라 남쪽으로 넓은 푸른 바다와 북쪽으로 광활한 사막을 바라보면서

1) **오행** 五行 __ 동양 철학에서 만물을 생성하고 우주 만물의 형상을 변화시키는 다섯 가지 원소를 가리키는 말로, 나무(木), 불(火), 흙(土), 쇠(金), 물(水)이 여기에 속한다.

2) **주공** 周公 __ 기원전 12세기경 중국 주나라의 정치가로, 주 왕조를 세운 문왕의 아들이며 무왕의 동생으로 주 왕조의 기초를 확립하였다. 무왕이 죽은 뒤 나이 어린 성왕이 제위에 오르자 섭정하였다.

3) **의무려산** 醫巫閭山 __ 만주 요령성 북진현 서쪽에 있는 산으로 '의무려'라고도 한다.

눈물을 흘리며 이렇게 말했다.

"올바른 도가 행해지지 못하자, 노자[4]는 오랑캐의 나라로 들어가겠다고 했고 공자[5]는 바다에 떠서 살고 싶다고 했으니, 내 무슨 말을 할 것인가? 무슨 말을 할 것인가?"

그리고 마침내 세상을 도피할 뜻을 품고는 수십 리쯤을 하염없이 터벅터벅 가다 보니 돌문이 하나 있었는데, 거기에도 다음과 같이 쓰여 있었다.

實居之門 실거지문: '실'이 사는 곳의 문

허자는 돌문에 쓰인 글자를 보며 말했다.

"의무려산은 중국과 조선의 접경에 있는 동북의 명산이다. 반드시 숨어 지내는 선비가 있을 것이니, 내가 반드시 찾아가서 물어보리라."

돌문으로 들어가니, 한 거인이 나무 위에 지은 집에 홀로 앉아있었다. 그런데 그 모습은 괴상하였고, 쪼개진 나무판에는 다음과 같이 써놓았다.

實翁之居 실옹지거: '실옹'이 사는 곳

이를 본 허자가 혼자말을 했다.

"내가 헛되다는 의미의 허$^{虛}$라고 부른 까닭은 장차 천하의 실$^{實}$, 즉 참된 것이 무엇인지를 살펴보기 위한 것인데, 저 사람이 스스로를 실$^{實}$이라 부른 까닭은 장차 천하의 헛된 것을 깨트려 없애고자 함일 것이다. 허허실실$^{虛虛實實}$[6]은 깊고도 오묘한 진리이니 내 장차 저 사람의 이야기를 들어보리라."

허자는 무릎으로 엄금엉금 기어 앞으로 나아가 공손하게 절하고

---

4) **노자 老子** __ 기원전 6세기경 중국 고대의 철학자이자 도가(道家)의 창시자이다. 주나라가 쇠퇴하자 이를 한탄하고 은퇴할 것을 결심한 후 서방으로 떠났다. 저서 ≪도덕경≫은 도가 무엇이냐는 질문을 받고 썼다고 한다.

5) **공자 孔子, 기원전 552~기원전 479년** __ 중국 춘추시대의 대 철학자이자 사상가이며 유교의 시조이다. 노나라에서 태어나 여러 나라를 두루 돌아다니며 인(仁)을 바탕으로 덕(德)으로 나라를 다스려야 한다고 설파했고, 육경 곧 예·악·시·서·역·춘추 등 중국의 고전을 정리하였다. 그의 학파는 유가라 불리며, 맹자와 순자에 의해 계승되었다. 제자들이 그의 언행을 기록해 놓은 책이 바로 ≪논어≫다.

6) **허허실실 虛虛實實** __ 중국의 손자가 처음 무술에 적용한 용어로, 상대의 허를 찌르고 실을 꾀하는 계책을 가리킨다. 여기에서 허(虛)는 마음이나 자세에 생긴 틈이나 약점을 가리키며, 실(實)은 틈 없이 건실한 상태를 말한다.

두 손을 맞잡은 다음 그의 오른쪽에 섰다. 하지만 거인은 머리를 숙이고 멍하게 앉은 채 허자를 보는 것 같지도 않았다.

그러자 허자가 예를 갖추어 두 손을 들면서 정중하게 말했다.

"군자로서 사람을 대하는데, 어찌 이처럼 거만하단 말입니까?"

이에 거인이 말했다.

"네가 동해에서 온 허자인가?"

"그렇습니다. 그런데 선생께서는 어떻게 그것을 아셨습니까? 혹시 무슨 술법이라도 쓰신 것입니까?"

허자가 말하자, 거인이 무릎을 웅크린 채 눈을 부릅뜨고 말했다.

"허어, 과연 너는 '허자'로구나! 내가 무슨 술법을 썼단 말이냐?

너의 옷차림을 보고 너의 음성을 들으니 네가 동해에서 왔다는 것을 알 수 있었다. 또 너의 예법을 보니 겸손하게 양보하는 것처럼 꾸며서 거짓 공손함으로 삼고, 오로지 알맹이 없이 겉으로만 사람을 대하니, 이로써 네가 '허자'라는 것을 알았지, 내가 무슨 술법을 썼단 말이냐?"

허자가 말했다.

"공손이란 덕의 바탕입니다. 또한 공손함에 있어 어진 사람을 높이 받드는 것보다 더 큰 공손함은 없습니다. 조금 전에 제가 선생을 보고 현자로 여겼기 때문에 무릎으로 기어서 앞으로 나아가 절을 했고 공손하게 두 손을 맞잡고 오른쪽에 섰던 것인데, 지금 선생께서는 제가 겸손을 꾸며서 거짓 공손하다 함은 도대체 무슨 말씀이십니까?"

## 실옹, 허자의 헛됨과 위선됨을 꾸짖다

거인이 말했다.

"그럼 이리 다가와 앉으라. 우선 내 너에게 시험 삼아 몇 가지를 물어보겠다. 너는 과연 내가 누구라고 생각하느냐?"

허자가 말했다.

"현자라는 것을 알 뿐, 선생이 누구신지 어떻게 알겠습니까?"

실옹[거인]이 말했다.

"그렇겠다. 그럼 비록 그렇다고 하더라도 너는 내가 누구인지 알지도 못하면서 내가 현자라는 것은 어떻게 알았느냐?"

허자가 말했다.

"제가 선생을 뵈오니 얼굴 생김새는 마치 토목 같은 형상에, 목소리는 생황[7]이나 큰 종소리와 같습니다. 이에 세상을 피해 깊은 산속에서 외로이 홀로 서서, 천둥과 번개가 내리치고 폭우가 쏟아지더라도 마음이 흐트러지거나 두려움이 없으실 것 같으시니, 이로써 제가 선생이 현자라는 것을 알았습니다."


실옹[거인]이 엄히 말했다.

"허어, 심하구나. 너의 헛됨이여!

너는 정녕 저 돌문에 적힌 '실거지문'과 쪼개진 나무에 쓰인 '실옹지거'를 보지 못했단 말이냐? 너는 분명 저 돌문으로 들어왔고 나무에 쓰여 있는 글자를 보았으니 나의 이름을 이미 알고 있었을 것인데 모른다 하고, 나의 현명함은 알지 못했을 것인데 도리어 안다고 하니, 너의 헛됨이 참으로 심하구나.

이에 내가 너에게 백성들의 마음을 홀리는 세 가지를 말하겠다. 먼저 식욕과 색욕에 홀리면 가정을 망치고, 이권에 홀리면 나라를 위태롭게 하며, 도술에 홀리면 천하가 어지러워진다. 그런데 너는 지금 도술에 마음이 흐려져 홀려 있지 않느냐?

따라서 너는 너무나도 지나침이 크다. 이름이란 고매하고 너그러운 덕의 반쪽이요, 호[8]란 그러한 덕이 바깥으로 들어나 보이는 표면이다. 그런데 내가 실옹이라는 것을 네가 알았다면 나를 '실자'라고 생각하면 그뿐인데, 도리어 나를 현자라고 함은 도대체 무슨 까닭이냐?

너는 나의 얼굴을 보고 토목에 비유하였고, 나의 목소리를 듣고는 생황이나 큰 종소리에 비유했다. 또한 내가 산중에 산다 하여 '세상을 피해 깊은 산속에서 외로이 홀로 서서 천둥과 번개가 내리치고 폭우가 쏟아지더라도 마음이 흐트러지거나 두려움이 없을 것 같다'고 했다. 이것은 네가 접촉하는 사물에 따라 잔머리를 굴리고 환경에 따라 말을 둘러대는 것으로, 아첨이 아니면 거짓되고 망령됨이니라. 무릇 사람의 부드러운 육체를 저 억센 흙덩이와 나무에 비유하는 것이 터무니없고, 목구멍과 폐에서 나오는 약한 기를 저 단단한 쇠와 대나무에 비유하는 것 역시 터무니없다.

또한 세상을 피해 외로이 홀로 섰던 자는 공자이고, 천둥과 번개가 내리치고 폭우 쏟아지더라도 두려워하지 않았던 자는 순임금이었다. 이치가 이러한데 네가 과연 나를 공자로 여기고, 순임금으로

---

7) **생황** 笙簧 __ 아악에 쓰이는 관악기의 한 가지로, 둥근 나무통 위에 17개의 죽관을 둘러 세우고, 나무통에 붙은 주전자 귀때 같은 부리로 불게 되어 있다.

8) **호** 號 __ 원래 이름이나 성인이 되었을 때 붙이는 이름인 자(字) 외에, 편하게 부를 수 있도록 지은 이름이다.

생각하느냐? 네가 나의 배움이 공자와 같지 않은지 어찌 알며, 나의 착함이 순임금[9]과 같지 않은지 어찌 알겠느냐? 이렇게 너는 나에 대해 아는 바가 전혀 없는데도 보자마자 대번에 비유해서 말했다. 이것은 아첨이 아니면 분명 거짓되고 망령됨이로다."


## 허자, 그릇된 유학 공부를 깨닫다

실옹이 이번에는 좀 더 구체적으로 허자에게 질문했다.

"또한 내가 너에게 물어볼 것이 있는데, 과연 네가 말하는 '현자'란 어떤 사람이냐?"

조금 당황한 허자가 조심스럽게 대답했다.

"제가 알고 있는 현자란 먼저 주공과 공자의 업적을 높이고, 정자[10]와 주자[11]의 말을 익혀서 올바른 학문을 붙들고 사악한 학설을 물리치는 사람입니다. 그리고 인으로 세상을 구제하고, 총명하여 올바르게 일처리를 함으로써 자신의 몸을 잘 보전하는 사람이 유가에서 말하는 현자입니다."

허자의 말에 실옹이 고개를 치켜들고 껄껄껄 웃으면서 말했다.

"나는 진실로 네가 도술에 마음이 홀렸음을 알겠다. 아아! 슬프다. 도술이 없어진 지 이미 오래거늘.

공자가 죽은 후에 오히려 그 제자들이 공자의 뜻을 어지럽혔고, 주자의 문하에서는 여러 유학자들이 공자의 뜻을 혼란시켰다. 즉, 공자의 업적을 높이면서도 그의 진리는 잊어버렸고, 공자의 말을 익히면서도 그 본의는 잃어버렸다.

따라서 올바른 학문을 붙잡으려는 것도 실상은 그 이유가 자랑하려는 마음에서 나온 것이고, 사악한 학설을 물리치려는 것도 실상은 이기려는 마음에서 나온 것이다. 또한 어진 것으로 세상을 구제하려는 것도 실상은 권력을 유지하려는 마음에서 나온 것이고, 총명하여 올바르게 일처리를 함으로써 자신의 몸을 잘 보전하려는

---

9) **순舜임금** __ 고대 중국의 전설 속 제왕으로, 눈먼 부친과 계모 밑에서 온갖 천대를 받으면서도 효성을 다하다가, 요임금의 뒤를 이어 제위에 올랐다.

10) **정자** 程子 __ 중국 북송 중기의 유학자인 정호(1032~1085년), 정이(1032~1107년) 형제를 말한다. 다양한 자연현상과 우주의 근본원리를 '이(理)'라 부르고, 사람은 모름지기 이를 직관적으로 파악하여 이에 따라야 한다고 주창하였다. 주자에게 큰 영향을 주었다.

11) **주자** 朱子, 1130~1200년 __ 중국 송대의 유학자 주희를 높여 이르는 말이다. 유학을 집대성하여 주자학(성리학)으로 발전시켰다. 맹자를 유교의 정통으로 삼고, 특히 맹자의 성선설에 입각하여 교육의 가치를 강조했으며, 그 구체적인 지침으로 삼강오상(三綱五常)을 강조했다. 이후 주자학은 중국과 우리나라 과거시험의 기준이 되었다.

것도 실상은 이익을 얻으려는 마음에서 나온 것이다.

이렇게 네 가지의 헛되고 못된 마음이 서로 따라다니기 때문에 세상에 참뜻은 날로 없어지고, 온 천하가 물 흐르듯 막힘이 없이 날로 허망한 데로 치닫는 것이다.

지금 너는 겸손함을 꾸며서 거짓 공손함으로 나를 대하면서 스스로를 현자라 여긴다. 또한 얼굴만 보고 목소리만 듣고서 다른 사람도 현자로 만든다. 마음이 헛되면 몸가짐도 헛되고, 몸가짐이 헛되면 모든 일이 헛되지 않은 것이 없다. 자신에게 헛되면 남에게도 헛되고, 남에게 헛되면 온 천하가 모두 헛되지 않은 것이 없다. 이렇게 도술에 마음이 홀리면 반드시 천하를 어지럽게 하니, 네가 그것을 진실로 아느냐?"

허자가 한참 동안 말이 없다가 조용히 말했다.

"이 허자는 동해의 어느 시골에 사는 사람입니다. 그동안 제가 옛 성현은 이미 사라졌는데 남기신 말에만 마음을 붙이고 종이 위의 상투적인 문장만 외면서 속된 학문에 몸을 의지해온 까닭에, 작은 것을 깨달아야 할 근본인 도[12]로 여겨왔습니다. 그런데 이제 선생의 말씀을 듣고 보니 몸과 마음에 깨달음이 있어 얻는 바가 있는 듯합니다. 감히 묻겠습니다. 큰 도의 요체는 무엇입니까?"

허자의 말에 실옹은 오랫동안 가만히 보다가, 이윽고 말했다.

"너의 얼굴이 이미 주름지고 머리털도 희었으니, 내가 먼저 너의 배운 것부터 들어보자."

실옹의 말에 허자가 대답했다.

"저는 어려서 성현의 글을 읽었고, 커서는 시詩와 예禮를 공부하였고 음양13)의 변화와 인물人物, 사람과 만물의 이치를 탐구하였습니다. 마음을 기르는 데는 충성과 공경으로 조심스럽게 했고, 일을 꾀하는 데는 성실함과 함께 민첩함으로 했습니다. 그리고 세상을 다스리고 사람을 구제하는 것은 주나라 관제가 기록되어 있는 주례14)에 근본을 두었고, 벼슬을 하거나 물러날 때에는 이윤15)과 여

---

12) **도** 道 ___ 본래 사람이 걷는 길이라는 뜻이지만, 추상적인 의미로 바뀌어 인간의 행위에 꼭 따라야 할 기준과 원칙을 가리키게 되었다. 유교에서는 성선설(性善說)에 의거하여 본성에 따라 어짐[仁]과 옳음[義] 등의 덕목을 실천하는 것이 도의 실현이라 보았다.

13) **음양** 陰陽 ___ 역학(易學)에서 만물의 근원이 되는 상반된 성질을 가진 두 가지 것을 말하는데, 예를 들어 해와 달, 남성과 여성, 낮과 밤, 불과 물, 여름과 겨울 등이 있다.

14) **주례** 周禮 ___ 중국 경서의 하나로 주나라의 관제를 분류하여 설명한 책이다. 중국의 국가 제도를 적은 것 가운데 가장 오래되었다.

15) **이윤** 伊尹 ___ 중국 은나라(기원전1600~기원전 1046년경)초기의 대신이다. 탕왕을 도와 하나라를 멸하고 은나라를 건국하는 데 큰 공을 세워 은나라의 재상이 되었다.

상[16]을 본받았습니다.

이외에도 예술과 천문과 병기와 제례, 그리고 수학과 법률에 이르기까지 한계를 정하지 않고 널리 배웠으나, 결국에는 시경·서경·예기·악기·역경·춘추, 즉 육경을 기준으로 삼고, 정주[17]의 학설을 절충하였습니다.

이것이 제가 배운 것입니다."

이에 실옹이 말했다.

"너의 말대로 그간 네가 배운 것이 모두 사실이라면 유학하는 자가 배워야 할 학문의 가장 중요한 것들을 모두 갖추었다 할 수 있는데, 너는 또 무엇이 부족해서 나에게 묻는 것이냐? 네가 나를 말로써 난처하게 할 작정이냐? 아니면 나와 학문으로 겨루겠다는 것이냐? 아니면 나의 법도를 시험하려는 것이냐?"

실옹의 말을 듣고, 허자가 일어나서 절을 하고 예를 갖추어 말했다.

"선생께서는 이 무슨 말씀이십니까. 저는 그간 자질구레한 것에 얽매어 큰 도를 듣지 못하였기에, 우물 안의 개구리가 하늘을 쳐다보듯 망령되이 잘난 체하였고, 여름벌레가 얼음을 얘기하듯 무식하였습니다. 이제 선생을 뵙고는 마음이 환히 트이고 귀와 눈이 맑고 상쾌해져서 선생의 말씀에 더욱 마음을 기울이고 정성을 다하려는데, 선생께서는 이 무슨 말씀이십니까."

16) **여상** 呂尙 __ 주나라 초기의 정치가로 흔히 강태공이라고 부른다. 낚시를 드리우며 때를 기다리다 나이 칠순에 주나라 문왕에게 발탁되었다. 문왕이 죽은 후 무왕을 도와 목야의 전투에서 은나라 주왕의 군대를 물리치고 천하를 평정하는 데 큰 공을 세웠다.

17) **정주** 程朱 __ 정호, 정이 형제(정자)와 주희(주자)를 한꺼번에 이르는 말이다. 주희가 정이의 사상을 발전시켜 이룬 유학을 정주학 또는 주자학 또는 성리학이라고 한다.

# 낡은 의식에서 벗어나야 세상이 보인다

－ 실용이 30년 공부한 허자를 꾸짖은 이유

　더 나은 삶으로 나아가는 것은 변화를 모색하고 개혁을 추구하는 것에서 시작된다. 지금 우리 사회가 정치 · 경제 · 사회적으로 다양한 갈등과 문제를 안고 있듯, 홍대용이 ≪의산문답≫을 썼던 18세기 조선사회 또한 마찬가지기에 이를 해결하려는 변화와 개혁에 대한 바람은 지금과 별반 차이가 없을 것이다. 특히 국민들의 생활과 의식에 많은 변화가 일어나고, 다양한 욕구가 나타나는 시기에는 더욱 그렇다. 즉, 변화와 개혁을 주도해야 할 정부나 지도자들이 국민들의 다양한 욕구와 변화를 제대로 파악하지 못하면, 지식인들은 시대에 따라 방법의 차이는 있겠지만 변화와 개혁을 더욱 강하게 주장할 수밖에 없다. 홍대용, 그도 마찬가지였으리라.

임진왜란과 병자호란을 겪은 지도 100년을 넘긴 시기였지만 그가 살았던 18세기의 조선은 그야말로 급격한 변화의 시기였다. 먼저 사회경제적으로 보면 빈부의 격차가 커지면서 백성들의 시름이 깊어만 갔다. 당시 농촌을 한번 상상해보자!

왜란1592년 임진왜란과 1598년 정유재란을 함께 이르는 말과 호란1627년 정묘호란과 1636년 병자호란 이후 조선에서는 우선 황폐해진 국토를 복구하는 일이 시급했다. 농본주의 국가로서 국가의 재정 또한 농업에 바탕을 두고 있었던 조선으로서는 당연한 일이었다. 전쟁의 소용돌이가 끝난 조선은 무엇보다도 백성들의 생활안정을 우선해야 했다. 이것은 나라살림을 위해 조세 기반을 마련하는 일이기도 했다.

그러나 일반 백성인 농민의 입장에서는 당시 상황이 엄혹하기만 했다. 오직 국가만을 믿었던 백성들은 왜란과 호란을 맞아 전쟁터로 내몰렸고, 부모와 형제, 처자식과 남편을 잃어야만 했다. 전쟁이 끝난 이후에는 전쟁으로 황폐해진 땅을 다시 농토로 만드는 일도 떠안아야 했다. 백성들의 노고로 임진왜란 직후 54만 결이었던 토지는 숙종1674-1720년 대에는 140만 결로 늘어났다. 그리고 17세기 이후 이앙법이 시행되자 벼와 보리의 이모작이 가능해지면서 생산량이 크게 늘어났다. 이앙법은 볍씨를 못자리에서 어느 정도 키운 다음 논으로 옮겨 심는 재배법으로, 논에 직접 볍씨를 뿌리는 직파법보다 잡초를 뽑는 수고를 줄일 수 있어서 노동력을 절감하는 농법이다.

이러한 측면에서 보면 18세기는 분명 농토의 증가와 새로운 농업 기술에 의해 생산량이 증가했기에 경제적인 발전이 이루어진 시기였다. 그러나 18세기에 이르러 많은 농민들은 오히려 삶의 터전인 농촌을 떠나야만 하는 형편이 되었다. 개간으로 농토가 늘어났지만 개간된 토지의 대부분은 양반과 소수 자영농에게 돌아갔고, 생산량의 증가에 따른 혜택 또한 마찬가지였기에 빈부의 격차가 더욱 심해지면서 농촌 사회가 크게 동요한 것이다.

특히 새로운 농업기술인 이앙법으로 농민 한 사람이 경작할 수 있는 토지 면적이 이전에 비해 2~5배까지 늘었다. 그 결과 농민들 중에는 전에 볼 수 없는 부농이 생겨나기도 했지만, 농사에 필요한 노동력이 그만큼 줄면서 삶의 터전을 버리고 농촌을 떠나는 소작농과 영세한 농민도 나타났다. 결국 농촌에서 토지를 일구며 살아갈 수 없는 농민들은 임금노동자로 전락하거나, 부유한 집에 얹혀살면서 머슴처럼 일하는 처지가 되어 더욱 빈곤한 생활을 하였다. 그리고 이들 가운데 일부는 일정한 근거지 없이 떠도는 유민이 되기도 하고, 심한 경우에는 도적이 되기도 하였다.

손바닥만한 땅도 부칠 수 없는 형편에 여러 식구를 부양해야 하는 가난한 농민들! 그들이 생각할 수 있는 대안이란 오늘날과 별반 차이가 없었을 것이다. '그래 이렇게 사느니 차라리 도시에 가서 뭐라도 하면 지금보다 못할까.'

이러한 상황은 상업이 활기를 띠는 배경이 되기도 했다. 선조 이후 직물·어물·약재·종이 등 각 지방의 특산물로 납부하던 공물을 쌀로 통일하여 바치게 하는 대동법이 시행되자, 정부에서는 쌀 이외에 필요한 물품을 공인들에게 조달하도록 하였다. 이에 공인들은 상인은 물론 수공업자들과 직접 거래를 하면서 독점적 도매상인인 도고<sup>한 가지</sup> <sub>물품을 대량으로 취급하는 독점적 도매상인</sub>로 성장하였다. 또 서울의 경강상인을 비롯하여 개성의 송상 등의 상인들이 활발하게 활동하고 있었다. 지방에도 시장이 크게 발달했는데, 대개는 5일장으로 5일마다 정기적으로 장이 서고 있었다. 여기에 농촌에서 삶의 터전을 잃은 많은 농민들이 도시로 이주하면서 상업이 더욱 활기를 띠게 되었다.

하지만 도고의 물품 전매 등으로 많은 영세상인들의 형편은 농민과 다름없이 어려운 상태였다. 도시에서도 농촌과 마찬가지로 빈부의 격차가 심해지고 물가가 오르는 등 살기가 힘들어지면서 백성들의 불만이 갈수록 커지고 많은 문제가 발생하고 있었다.

한편 정치를 보면 어떠한가? 15세기 말부터 형성된 붕당정치는 숙종 20년<sup>1694년</sup> 이후 노론의 장기 집권으로 이어졌고, 그 결과 양반 가운데에는 정권에 참여하지 못하는 양반들이 생겨났다. 이에 강력한 왕권을 가지고 있었던 영조는 탕평책을 써서 노론·소론·남인·북인, 네 붕당의 인재를 고루 등용하였다. 이로 말미암아 양반의 불만이 다소 완화되었지만 여전히 붕당의 대립으로 관료들 사이에는 갈등이 남아 있었다. 특히 영조 38년[1762년]에 붕당간의 대립으로 희생되었던 사도세자의 죽음은 당시의 갈등을 그대로 드러내는 것이었다. 이처럼 정권 장악에 여념이 없는 정치인들이 변화하는 18세기 조선사회의 욕구를 수용하기에는 역부족이었다.

하지만 일부 지식인들은 당시 기득권층의 사상적 배경이었던 성리학에 얽매이지 않고 당면한 사회적 문제를 해결하고자 새로운 학문에 관심을 가졌다. 그것은 학문적 연구를 토대로 하여 이상적인 사회를 실현하려고 했던 '실학'이었다. 농촌을 토대로 조선의 현실을 개혁하자고 주장한 유형원·이익으로 대표되는 경세치용의 학문과 새로운 문물을 받아들여 상공업의 발전을 이루어 사회를 발전시키려고 하였던 홍대용·박지원 등의 이용후생 학문, 그리고 우리의 역사, 지리, 문화 등을 연구하여 우리 자신을 재인식하려고 했던 이수광·안정복 등의 국학 발전을 도모했던 학문 등이 여기에 속한다. 즉, 현실 사회의 다양한 문제를 풀기에는 성리학이 한계가 있었기에, 여러 지식인들은 다양한 사회문제와 갈등을 해결하고 올바른 사회를 만들기 위해 다각적인 모색을 하고 있었던 것이다.

이러한 시기에 양반이면서 동시에 주류세력인 노론 가문에서 태어난 홍대용은, 할아버지와 아버지가 모두 관직에 올라 있었기에 충분히 과거를 통해 주류세력으로 성장할 수 있었다. 하지만 그는 과거시험에 연연해하지 않았다. 어려서부터 고학에 정진하며 과학의 탐구와 연구에 뜻을 두고 자신의 길을 걸었다. 그는 공부를 하면서 옛 선비의 올바른 정신과 바른 삶에 목표로 둔 선비였다.

홍대용의 눈에 비친 당시 정치권은 개혁의 대상이었다. 특히 성리학은 18세기 당시 이미 사회문제를 해결할 수 있는 학문이 아니었다. 사회는 급변하고 있었지만 당시 기득권층인 양반의 의식변화 없이는 근본적인 개혁이 이루어질 수 없다는 것을 그는 알고 있었던 것이다.

홍대용이 비판하였던 성리학은 중국 송나라 때 주자가 완성한 학문이다. 사람의 태어남과 죽음, 만물의 생성 등을 이전의 유학에서는 밝히지 않고 있었기에, 성리학은 이를 철학적으로 체계화하여 만물의 원리를 이理와 기氣, 즉 음양과 오행으로 설명하였다. 또한 성리학은 같은 사람이라 할지라도 왕으로 태어날 수도 있고 미천한 신분으로 태어날 수도 있다는 중세적 신분제를 옹호하고 있었으며, 중국 한족을 중심으로 보는 중화적 세계관을 그 바탕에 두고 있었다.

한편 성리학 이전의 유학, 특별히 진나라가 중국을 통일하기 이전인 춘추전국시대의 선진유학은 공자의 사상에 따라 행하는 것이었다. 공자는 자신을 닦고 남을 편안하게 한다는 인간론에 학문의 중심을 두고 있었다. 공자는 평화로운 세상을 열기 위해, 왕은 성군이 되어 덕으로 어질게 나라를 다스리고, 신하는 충성과 의리로 왕을 모시고, 백성은 효성으로 따라야 한다고 생각했다. 그처럼 평화로운 시대는 바로 중국의 요순시대였고, 그 이후 질서가 무너지면서 혼란한 시대가 되었다고 보았다. 따라서 요순시대를 공부하고 인격을 수양하면 질서를 바로잡을 수 있고 평화로운 세상을 열 수 있다는 입장이었다.

이처럼 홍대용은 유학 자체를 반대한 것은 아니었다. 그가 비판한 것은 주자의 사상과 해석에만 매여 있는 성리학이었다. 즉, 성리학으로 무장한 채 어떤 비판도 허용하지 않는 당시 기득권층들의 한계를 지적하고, 성리학이 변화를 요구하는 조선사회에 이념적인 토대를 마련해준다기보다는 당시 정치인들의 기득권을 유지하기 위한 이념의 토대로 전용되는 것에 문제를 제기하였다. 홍대용은 주자의 해석만을 따르는 사람들과는 달리 본래 공자의 가르침으로 돌아가 자신의 입장에서 이를 해석하여 백성들이 살기 좋은 세상이 되어야 한다고 생각하였다.

앞에서 이야기했듯이 홍대용이 ≪의산문답≫을 썼던 1770~1780년대는 백성들의 생활방식은 물론이고, 의식도 많이 변화한 시기로 백성들의 개혁 열망 또한 강한 시기였다. 18세기에 서양이 산업혁명으로 인해 급격한 변화와 개혁의 소용돌이에 빠진 것처럼, 동방의 조용한 아침의 나라에서도 새로운 개혁에 대한 소망이 커져갔다. 그리고 그 개혁사상의 중심에는 홍대용이 있었고, 그는 한 사회를 살아가는 양심적인 지식인으로서 올바른 사회개혁을 위해서 가장 우선해야 할 것이 무엇인지를 ≪의산문답≫을 통해 전하고자 했다.

"모든 백성이 잘살 수 있는 나라!"

그는 ≪의산문답≫을 통해 무엇보다도 위정자를 비롯한 기득권층이었던 양반들의 의식이 바뀌어야 한다는 것을 주장한다. 성리학에 빠져 실생활과 동떨어진 이론에 치우쳐 자신들의 이권을 추구하는 당시 기득권자들의 의식개혁 없이는 결코 진정한 변화와 개혁을 가져올 수 없다는 것을 알려주고 있는 것이다. 즉, 실옹이 허자를 거침없이 꾸짖듯, 명분만을 내세우며 가식과 위선으로 가득 찬 당시 양반 지배세력의 헛됨을 하나하나 짚어가며 잘못을 깨닫게 하고 싶었던 것이다. 문장과 문구나 외우는 양반들의 생각이 얼마나 비현실적이고 낡은 사상인지, 그리고 백성의 삶과는 동떨어진 그들만의 사상인지 깨닫게 하고 싶었던 것이다.

오늘도 세상은 변하고 있으며 끊임없이 개혁을 요구하고 있다. 홍대용은 18세기 조선사회의 개혁을 꿈꾸었던 인물이었다. 비록 그가 당시에 뜻을 이룰 수는 없었지만 역사가 과거와 현재와의 대화라는 점을 생각하면, 우리는 250여 년 전 그가 쓴 ≪의산문답≫을 보며 오늘날 우리 사회에 대해 자문해보게 된다. 지금 우리에게 당면한 문제가 무엇이며, 이를 해결하기 위해서 가장 시급한 것이 무엇인지를 말이다. 그리고 무엇보다도 그 문제해결의 선봉에 있는 기득권층의 생각과 인식이 어떻게 달라져야 하는지를 말이다.

# 02 사람과 천지만물은
모두 똑같은 존재이다

## 사람과 천지만물이 모두 귀하다

실옹이 말했다.

"그렇게 생각한다면 너는 진실로 유가의 도를 닦는 선비로구나. 먼저 배움에 있어서는 물 뿌리고 청소하는 등의 일상생활에 필요한 학문을 익히고, 그 다음에 사람의 본성과 우주 만물을 지배하는 하늘의 뜻이 무엇인지를 다뤄 나가는 것이 유생이 배우는 순서이다. 이제 내가 너에게 큰 도를 말하기에 앞서 만물의 근원부터 알려주리라. 무릇 사람이 만물과 다른 까닭은 마음 때문이요, 마음이 다른 만물과 다른 까닭은 몸 때문이다. 이제 너에게 묻겠다. 너의 몸이 만물과 다른 점이 무엇인지 이야기해보아라."

허자가 대답했다.

"사람의 타고난 성질을 말하면 먼저 머리가 둥근 것은 하늘을 상징하고, 발이 모난 것은 땅을 상징합니다. 살과 머리털은 산과 숲을 상징하며, 피는 강과 바다를 상징합니다. 두 눈은 해와 달을 상징하고, 호흡은 바람과 구름을 각각 상징하는 것입니다. 그러므로 사람의 몸을 우주에 비유하여 소천지小天地라고 합니다.

그리고 그 태어남을 말하면 아비의 정자와 어미의 혈액이 교감하여 어머니의 뱃속에서 생겨나고, 달이 차면 세상으로 나오게 되는 것입니다. 또한 나이가 더해짐에 따라 지혜가 늘고, 사람의 몸에 있는 일곱 구멍인 귀·눈·입·코 등이 모두 밝아지며, 사람의 다섯 성품인 기쁨·노여움·욕심·두려움·근심이 모두 갖추어지게 됩니다. 이것이 사람의 몸이 만물과 다른 점이 아니겠습니까?"

허자가 사람과 만물의 차이에 대해 답을 하자, 실옹이 말했다.

"아! 너의 말이 맞다면 사람과 만물의 다른 점이란 거의 없지 않느냐? 무릇 털과 살로 된 체질과, 정액과 혈액의 교감이란 초목이나 사람이나 같거늘, 하물며 짐승과 다를 것이 무엇이 있겠느냐?

이에 내가 다시 너에게 묻겠다. 생물의 종류는 셋이 있으니 사람, 짐승, 초목이 그것이다. 초목은 거꾸로 생겨나는 까닭에 아는 것[知]이 있어도 깨달음[覺]이 없으며, 짐승은 옆으로 생겨나는 까닭에 깨달음은 있어도 아는 것이 없다. 이 세 가지 생물이 한없이 이리저리 얽히어서 서로 망하게도 하고 흥하게도 하는데, 그 귀하고 천함에 있어 등급이 있느냐?"

허자가 당연하다는 듯 대답했다.

"하늘과 땅 사이의 살아 있는 만물 중에 오직 사람만이 귀합니다. 지금 저 짐승이나 초목은 지혜도 깨달음도 없으며 예법도 의리도 없습니다. 이에 사람이 짐승보다 귀하고, 초목은 짐승보다 천한 것입니다."

실옹은 고개를 젖히고 웃으면서 말했다.

"허허허, 너는 진실로 '사람'이로다. 무릇 오륜五倫, 즉 어버이와 자식 사이에는 사랑이 있어야 하고[父子有親], 임금과 신하 사이에는 의리가 있어야 하며[君臣有義], 부부 사이에는 구별이 있어야 하며[夫婦有別], 나이가 많고 적음에 따라 순서에 차이를 두어야 하며[長幼有序], 친구 사이에는 믿음이 있어야 한다[朋友有信]는 것은 사람의 예의이다. 또한 오사五事, 즉 얼굴은 단정하게 하고, 말은 바르게 하며, 보는 것은 밝게 하고, 듣는 것은 자세하게 하며, 생각은 투철하게 하여야 한다는 것도 사람의 예의이다. 그리고 때를 지어 다니면서 서로 불러 먹이는 것은 짐승의 예의이고, 여러 줄기가 하나로 뭉쳐져 잎이 무성한 것은 초목의 예의이다.

따라서 사람의 입장에서 만물을 보면 사람이 귀하고 만물이 천하고, 만물의 입장에서 사람을 보면 만물이 귀하고 사람이 천한 것이 되는 것이다. 이런 이치로 볼 때, 하늘의 입장에서 보면 사람이나 만물이나 다 마찬가지인 것이다."


실옹이 계속해서 말했다.

"무릇 짐승과 초목이 아는 것과 깨달음이 없다고 하지만, 아는 것이 없는 까닭에 거짓이 없고 깨달음이 없는 까닭에 몹쓸 짓도 하지 않는다. 따라서 이런 이치로 본다면 만물이 사람보다 훨씬 더 귀하다 할 것이다. 또한 봉황은 높이 천 길을 날고, 용은 날아서 하늘에 있다. 점치는 데 쓰이는 풀인 시초蓍草와 제사 때 술에 넣어 신에게 바치는 울금초鬱金草는 신과 통하고, 소나무와 잣나무는 재목材木으로 쓰인다. 네가 볼 때 이것들을 사람과 견주어본다면 진정 어느 것이 귀하고 어느 것이 천한 것이냐?

대개 큰 도를 해치는 것으로는 자랑하는 마음보다 더 심한 것이 없다. 사람이 사람을 귀하게 여기고 만물을 천하게 여기는 것은 자랑하는 마음을 그 밑바탕에 두고 있기 때문이다."

# 하늘의 입장에서 만물을 보아야 한다

사람과 천지만물에 차이가 없다는 실옹의 말에 허자가 의아해하며 질문했다.

"봉황이 날고 용이 난다 하지만 봉황과 용은 짐승에서 벗어나지 못합니다. 또한 시초와 울금초가 신과 통하고 소나무와 잣나무가 재목으로 쓰인다 하지만, 이 또한 초목에서 벗어나지 못합니다. 더욱이 이것들은 백성에게 혜택을 주는 어진 마음이 없고, 세상을 다스릴 지혜가 없으며, 복식과 의장의 제도도 없고, 또한 예절과 음악과 무기와 형벌도 없습니다. 그런데 어찌하여 사람과 마찬가지라 할 수 있습니까?"

허자가 거듭 자신의 논리를 주장하자, 실옹이 말했다.

"네가 마음이 흐려져 너무도 심하게 홀렸구나.

용이 물고기를 놀라게 하지 않음은 그들 세상에 혜택을 베푸는 것이요, 봉황이 참새를 겁나게 하지 않음은 그들 세상에 대한 다스림이다. 또한 구름이 다섯 가지 고운 색깔을 보이는 것은 용이 차려입은 꾸밈새요, 온몸에 두른 아름다운 무늬는 봉황이 차려입은 꾸밈새이다. 그리고 바람이 불고 천둥이 치는 것은 용의 무기이자 형벌이며, 높은 언덕에서 곡조 있게 울음을 우는 것은 봉황의 예절이자 음악이다. 시초와 울금초는 종묘[18]와 사직[19]에서 귀하게 쓰이고, 소나무와 잣나무는 건물의 골격을 이루는 아주 귀중한 재목이다.

그러므로 옛 사람이 백성에게 혜택을 베풀고 세상을 다스림에 있어 만물에게서 도움받지 않은 것이 없었다. 대체로 군신간의 의리는 벌에게서, 병법에서 진을 치는 것은 개미에게서 가져왔다. 또한 예절의 제도는 박쥐에게서, 그물 치는 법은 거미에게서 각각 가져온 것이다. 그런 까닭에 '성인은 만물을 스승으로 삼는다'고 하였던 것이다. 그런데 지금 너는 어찌하여 하늘의 입장에서 만물을 보지 않고 사람의 입장에서만 만물을 보는 것이냐?"

---

18) **종묘** 宗廟 ── 조선시대에 역대 임금과 왕비의 위패를 모신 왕실의 사당을 말한다.

19) **사직** 社稷 ── 국토의 신인 사(社)와 곡식의 신인 직(稷)을 아울러 이르는 말로, 임금이 사직에 제사를 올렸다. 우리나라는 삼국시대 때에 이미 사직단을 지었고, 조선의 태조도 개국하여 경복궁, 종묘와 더불어 가장 먼저 사직단을 건립하였다. 종묘사직은 왕실과 나라를 일컫는 말이다.

# 우월적인 선택의식이 사라져야 세상이 밝아진다

− 사람만이 귀하다고 생각하는 허자를 꾸짖은 이유

어떤 상황이나 사물에 대한 이해는 시대에 따라 또는 관점에 따라 많은 차이가 있다는 것을 우리는 잘 알고 있다. 실학과 함께 사상적인 변화가 나타나기 시작하는 18세기 조선에서는 사물을 보는 방식을 둘러싸고 격론이 벌어졌는데, 이것은 시대 흐름으로 보았을 때 어쩌면 당연한 일이었는지도 모른다.

조선 후기 18세기 초부터 150여 년 동안 당시 학자들 사이에는 인물성동이론 또는 호락논쟁湖洛論爭이 벌어졌다. 호락논쟁은 사람과 동식물의 본성이 같은가 다른가를 놓고 벌어진 논쟁으로, 사람과 사물의 본성이 다르다고 주장한 한원진1682-1751년의 견해에 동조하는 학자들은 주로 호서湖西, 지금의 충청도 일대 지방에 거주하였고, 사람과 사물의 본성이 같다고 주장한 이간[1677-1727년]의 견해에 동조하는 학자들은 주로 낙하[洛下, 지금의 서울 일대] 지방에서 거주한 데서 비롯된 이름이다.

논쟁의 핵심은 사람과 동식물의 본성을 같다고 보아야 하는가, 아니면 다르게 보아야 하는가에 관한 것이었다. 호론은 사람과 동식물의 본성이 서로 다르다는 입장이었고, 낙론은 사람과 동식물의 본성이 같다는 입장이었다. 이러한 논쟁은 관점에 따라 사람의 본성과 동식물의 본성이 다르게도 또 같다고도 볼 수 있다는 것을 보여준다.

호론은 기존의 성리학에서 벗어나지 않으므로, 여기에서는 낙론의 주장을 살펴보자. 만물의 본성은 하늘로부터 부여받은 자연 그대로의 모습인 선천적인 본연과 후천적인 기질로 구분할 수 있다. 선천적인 본연은 만물에 공통되는 성질이고, 기질은 서로 다른 성질에 해당한다. 이 가운데 만물의 공통적인 성질인 선천적인 본연을 중요하게 여겨 사람과 만물의 차이를 살펴보면, 사람의 본성이나 동식물의 본성이나 다르지 않다는 것이다. 기존의 성리학의 입장에서 보면 사람은 다른 만물보다 더 지혜로운 존재이고, 사람과 사람 사이에도 엄연한 서열이 있다. 그러나 사람과 동식물의 본성이 같다고 본 낙론의 입장에 선 학자들은 사람만이 귀한 것이 아니므로 자연히 동식물에도 관심을 갖게 되었고, 나아가 자연과학 분야에도 주목할 수 있게 되었다.

그러면 홍대용은 왜 사람과 동식물의 본성이 같다는 낙론의 입장에서 ≪의산문답≫을 썼던 것일까? 그는 왜 그렇게도 사람만을 귀하게 여기는 허자를 꾸짖으며 하늘 아래 사람과 만물은 모두 귀하다고 주장했을까? 여기에서 가장 주목되는 부분은, 사람과 동식물에도 차이가 없는데 하물며 사람과 사람 사이에는 차별이 있을 수 없다는 생각이다.

성리학은 사람을 중심으로 한 학문이기에 사람을 귀하게 여기면서 사람의 심성에 많은 관심을 둔다. 이에 반해 홍대용은 사람만이 귀한 것이 아니라 사람이나 동식물이나 다 마찬가지이며, 사람이 귀하다는 것은 사람 중심으로 보았기 때문이지, 하늘의 입장에서 보면 사람이나 동식물이나 다 마찬가지라고 하였다. 이것이 홍대용의 사람과 만물이 모두 같다는 인물균人物均 사상이다.

그의 이러한 생각은 사람과 사람 간의 차이를 인정하지 않고 모든 인간은 평등하다는 것으로 모아지는데, 결국 그는 조선사회의 양반 중심의 신분제가 잘못되었으며 바뀌어야 한다고 주장한다. 여기서 홍대용이 어려운 국가 경제와 백성을 구제하기 위해 제시한 각종 개혁안을 모은 글, ≪임하경륜≫을 살펴보면, 18세기 조선사회를 바라보는 그의 시각과 신분제에 대한 그의 생각을 잘 알 수 있다.


우리나라는 본래 명분을 중히 여겼다. 양반들은 아무리 심한 곤란과 굶주리는 어려움을 겪더라도 팔짱만 끼고 편하게 앉아 농사를 짓지 않는다. 어쩌다가 농업·상업·수공업 따위에 힘써서 스스로 천한 일을 기꺼이 하는 자가 있으면 모두들 나무라고 비웃으며 노예처럼 무시하니, 자연히 노는 백성이 많아지고 생산하는 자가 줄어든다. 재물이 어찌 궁하지 않을 수 있으며, 백성이 어찌 가난하지 않을 수 있겠는가? 그 중 사농공상<sub>조선시대에 직업에 따라 구분되는 사회계급</sub>에 관계없이 놀고먹는 자에 관해서는 관에서 벌칙을 마련하여 세상에 발붙이지 못하게 하여야 한다. 재능과 학식이 있다면 비록 농부나 장사치의 자식이 의정부에 들어가 앉더라도 이상할 것이 없고, 재능과 학식이 없다면 비록 벼슬 높은 자의 자식이 하인으로 들어간다고 해도 한탄할 것이 없다.

그는 당시의 양반들이 일하지 않으면서 일하는 자들을 비웃기에, 노는 자들이 많아지고 백성들은 가난하고 조선사회가 점점 더 어려워진다고 보았다. 이에 그 누구라도 일하지 않고 놀고먹는 사람들은 법으로 다스려야 하며, 신분에 관계없이 농부나 상인의 자식이라도 재능과 학식이 있으면 조정에 나가 관리가 될 수 있어야 한다고 주장하였다. 즉, 양반도 생산활동에 나서야 하며, 그 누구라도 신분에 상관없이 자신의 능력에 맞는 일을 하여야 하고, 능력을 갖추면 신분에 상관없이 관리로 등용하여야 한다고 주장하였다. 이는 곧 현실을 인식하지 못하고 명분이나 내세우며 글이나 읽는 당시 양반들을 비판하고, 신분에 따라 직업을 한정한 당시 사회의 문제점을 지적하면서,

능력 위주의 사회를 만들어야 한다는 입장을 분명히 밝힌 것이었다.

모든 것에는 상대성이 있기 마련이다. 특히 인간사에 있어서는 말할 것도 없다. 처한 입장에 따라서 바라보는 관점은 하늘과 땅만큼이나 차이가 있기 마련이다. 만약 18세기 조선에 있어서 사람과 만물의 본성이 다르거나 같거나 세상 돌아가는 데에는 아무런 문제가 없다며 기존의 사고방식에만 빠져 있었다면, 무슨 변화와 개혁을 기대할 수 있고 무슨 발전을 기대할 수 있을 것인가?

변화와 개혁이란 상대적인 관점에서 끊임없이 연구하고 의문을 가질 때 시작된다. 홍대용은 사람이란 본래 귀천이 없기에, 사람이 살아가는 방식도 신분에 의해서가 아니라 능력에 의해 정해져야 한다고 주장하였다. 여기에서 비합리적인 조선의 신분제도를 타파하고 싶은 그의 간절한 마음을 알 수 있는데, 그 시작은 바로 우월적 신분을 인정하고 있는 성리학적 세계관에서 벗어나야 한다는 것이었다. 이는 당시의 사회구조로 보면 사회질서 자체를 흔드는 파격적인 주장이었다.

그러나 그 자신도 당시 조선사회가 이러한 것을 수용하기에는 한계가 있음을 잘 알고 있었다. 정치권은 기존 성리학의 입장을 더욱 고수하면서 자신들의 특권과 이권을 계속 유지하려 했기에 근본적인 변화와 개혁을 하기에는 너무도 벽이 높았던 것이다. 더구나 그들은 붕당을 지어 끊임없이 정권을 장악하려 했기에 기득권층 내에서도 반목과 대립이 끊이지 않았다. 또한 오랫동안 지속되어온 신분제도를 생각하면 아무리 당시의 신분제도가 불합리하더라도 일순간에 폐지할 수도 없는 일이었다.

따라서 홍대용은 그 대안으로 현재의 상태를 인정하면서 점차로 신분의 세습제를 폐지하고 각자의 능력에 따라 일을 맡아서 해야 한다고 주장하였다. 자신의 이익만을 위해 일하는 무능한 관리들을 모두 내보내고 현실적으로 능력 있는 사람들이 백성들을 다스린다면, 18세기 조선이 당면한 많은 정치 · 경제 · 사회 문제를 해결함과 동시에 부국강병을 이룰 수 있다고 본 것이다.

세상에는 같음과 다름이 존재하기 마련이다. 같음이란 동질성으로 화합하여 발전할 수 있는 근원이 되고, 다름이란 차이점으로 각각 서로를 인정하고 존중하여 새로운 것을 만들 수 있는 근원이 되는 것이다. 홍대용은 사람과 만물에 있어서 귀천의 구분이 없고, 사람 또한 모두 동등하다고 보았다. 그는 개개인이 각자의 능력을 펼칠 수 있는, 어떠한 특권도 존재하지 않는, 누구나 평등한 권리와 기회를 갖는 사회를 만들고 싶어 하였다.

지금은 ≪의산문답≫이 쓰인 지 250여 년이 지난 21세기이다. ≪의산문답≫을 보며 우리가 살고 있는 이 사회에서는 진정 개개인의 능력이 존중되고 평등이 제대로 실현되고 있는지 돌아볼 일이다.

# 03 지구는 둥글고
쉬지 않고 돈다

## 만물은 둥글고 땅도 둥글다

실옹의 말에 허자가 깜짝 놀라며 크게 깨닫고는 두려운 모습으로 다시 절을 했다. 그러고는 다가서서 질문했다.

"이제 선생의 말씀을 듣고, 사람과 만물에 있어서 귀하고 천함이 없다는 것은 알게 되었습니다. 이에 선생께 다시 감히 묻겠습니다. 그렇다면 사람과 만물이 생긴 근본은 무엇입니까?"

이에 실옹이 진지하게 대답했다.

"좋은 물음이다. 그렇지만 사람과 만물이 생긴 것은 천지에 근본을 두고 있으니, 먼저 천지의 실정부터 이야기하겠다.

우주의 본체, 즉 땅위로 높이 펼쳐져 있는 공간은 본래 고요하고 텅 비었으며, 오직 기氣[20]만 가득 차 있을 뿐이다. 그 텅 빈 공간은 안도 없고 바깥도 없으며 시작도 없고 끝도 없이 넓고 큰데, 쌓인 기가 일렁거리고 엉켜 모여서 형체를 이룬다. 그리고 그 형체는 허공에 두루 퍼져서 돌기도 하고 멈추기도 하니, 이른바 땅과 달과 태양과 별이 그것이다.

무릇 땅이란 그 바탕이 물과 흙으로 이루어졌으며 그 모양은 둥근데, 허공에 떠서 쉬지 않고 돈다. 그리고 온갖 만물은 땅에 의지해서 그 표면에 붙어서 사는 것이다.”

실옹의 말에 허자가 놀라며 말했다.

“옛 사람이 이르기를 ‘하늘은 둥글고 땅은 모났다’고 하였는데, 지금 선생께서 ‘땅의 몸체가 둥글다’ 함은 도대체 무슨 말씀이십니까?”

20) 기 氣 ── 물질의 근원 및 본질을 뜻하는 중국철학 용어로, 모든 존재 현상은 기가 모이고 흩어지는 데 따라 생겨나고 없어지는 것이기에 생명의 근원으로 보기도 한다. 중국 송나라(960~1279년) 이후에는 이(理)와 대치되는 개념으로 다루었는데, 여기에서 이는 인간의 감각기관을 초월한 정신 즉 도를 가리키고, 기는 형상을 가진 물질 또는 그런 속성 자체를 말한다.

허자의 질문에 실옹이 대답했다.

"심하구나, 너의 우둔함이여! 만물의 형체가 모두 둥글고 모난 것이 없는데 하물며 땅이라고 다르겠느냐?

생각해보아라. 달이 해를 가릴 때에 일식이 되는데, 가려진 모습이 반드시 둥근 것은 달의 모습이 둥글기 때문이다. 또한 땅이 해를 가릴 때에 월식이 되는데, 가려진 모습이 또한 둥근 것은 땅의 모습이 둥글기 때문이다. 그러니 월식은 땅의 거울이라 할 수 있다. 월식을 보고도 땅이 둥글다는 것을 모른다면 거울로 자기 얼굴을 비춰보면서도 자기 얼굴을 분별하지 못하는 것과 같은 것이니, 어찌 어리석은 일이 아니겠느냐?"

실옹이 계속해서 말했다.

"옛날 증자[21]가 말하기를, 하늘이 둥글고 땅이 네모지다면 네 모퉁이를 가려주지 못할 것이라고 하였다. 이것은 그 말에서 유래되었다. '하늘은 둥글고 땅은 모났다'는 것을 어떤 사람은 단순히 그 품성의 차이를 나타내기 위한 것이라고도 하였다.

물론 옛 사람에게서 전해져 기록한 말들을 믿는 것 또한 중요하지만, 월식의 경우처럼 어찌 직접 보고 실증한 것만 하겠느냐? 진실로 땅이 모났다면 네 모퉁이, 여덟 각, 여섯 면이 모두 평면이고, 가장자리의 끝은 모두 낭떠러지로 되어 있어서 마치 담이나 벽처

림 되어 있을 것이다. 참으로 그렇게 보이느냐?"

"예, 그렇습니다."

"그렇다면 강과 바다의 물은 물론이고, 사람과 만물의 모든 종류가 한 면에만 모여 살고 있느냐? 아니면 여섯 면에 퍼져서 살고 있느냐?"

"윗면에만 모두 모여 살고 있습니다. 왜냐하면 옆면에서는 옆으로 살 수 없고, 밑면에서는 거꾸로 살 수가 없기 때문입니다."

그러자 실옹이 다시 질문했다.
"그렇다면 옆으로 살 수가 없거나 거꾸로 살 수가 없다는 것은 밑으로 떨어지기 때문이 아니냐?"

허자가 대답했다.
"예, 그렇습니다."

---

21) **증자** 曾子, **기원전 506~436년** __ 중국 춘추시대의 유학자로 공자의 제자이다. 노나라 지방에서 제자들의 교육에 주력하였다. 효(孝)와 신(信)을 도덕의 근본으로 삼았다.

# 땅은 하루에 한 바퀴 돌고, 당기는 힘이 있다

실옹이 다시 질문했다.

"그렇다면 사람과 미세한 만물도 밑으로 떨어지는데, 어찌하여 무거운 땅덩이는 밑으로 떨어지지 않는 것이냐?"

허자가 대답했다.

"그것은 땅덩이가 허공의 기氣에 실려 있기 때문입니다."

그러자 실옹이 거친 목소리로 말했다.

"군자는 도를 논하다가 이치에 맞지 않으면 곧바로 잘못을 인정하지만, 소인은 도를 논하다가 말이 달리거나 옹색해지면 이내 말을 꾸며댄다. 물에 배를 띄울 때 배가 비었으면 뜨고, 배가 꽉 차서 무거우면 가라앉는다. 이런 이치로 본다면 '기'라는 것은 본래 힘이 없는 것인데, 어찌하여 큰 땅덩이를 싣는단 말이냐?

지금 너는 과거에 들었던 것에 집착하고 남을 이기려는 마음에 빠져 있구나. 그래서 입을 함부로 놀리면서 남의 바른 말을 막으려고 하니, 도를 구하고자 하는 네 자세에 잘못됨이 있는 것이 아니냐? 소요부[22]는 이치에 통달한 박식한 선비였다. 그런데 그는 이치를 구하다가 깨닫지 못하자 '하늘은 땅에 의지하고, 땅은 하늘에 의지한다'고 말했다. 물론 '땅이 하늘에 의지한다'는 말은 그럴 만하지만, '하늘이 땅에 의지한다'는 말은 이치에 맞지 않는다. 끝없이 크고 넓은 하늘이 어찌 하나의 흙덩이에 의지한단 말이냐?

또한 땅이 밑으로 떨어지지 않는 것도 스스로 그러한 힘이 있음이지 하늘과는 관계가 없는 것이다. 그런데 소요부는 이것을 미처 알지 못하면서도 확신이 있는 듯 자신 있게 말하면서 한세상을 속였으니, 이는 그가 스스로를 속인 것이라고 하겠다."

허자가 자신의 잘못을 깨달아 절을 하며 말했다.
"제 말이 감히 죄인 줄 미처 알지 못했습니다.

그렇지만 새의 깃털이나 짐승의 털처럼 가벼운 것도 모두 밑으로 떨어지는데, 무거운 땅덩이가 지금껏 떨어지지 않음은 무슨 까닭입니까?"

허자의 질문에 실옹이 대답했다.
"옛날에 얻어들은 것에 집착하는 자와는 더불어 도를 이야기할 수 없고, 이기려는 마음이 버릇이 되어버린 자와는 더불어 논쟁할

22) **소요부** 邵堯夫, 1011~1077년 __ 중국 송나라 학자로, 성리학의 이상주의 학파 형성에 영향을 미쳤다. 역경을 연구하여 수가 모든 존재의 기본이 된다는 상수학을 만들었다.

수 없다. 따라서 진정으로 도를 들으려거든 네가 옛날에 들었던 것을 씻어버리고, 또한 이기려는 마음을 버려야 한다. 네가 마음을 비우고 입을 조심한다면 내 어찌 숨김이 있겠느냐?

무릇 크고 넓은 하늘, 즉 우주는 천지사방의 구분도 없는데 어찌 위와 아래의 형세가 있겠느냐? 이에 네가 또 대답해보거라. 너의 발은 땅에 떨어지는데, 너의 머리는 하늘로 떨어지지 않는 까닭은 무엇이냐?"

허자가 대답했다.

"그것은 위와 아래의 형세가 그렇게 되어 있기 때문입니다."

실옹이 말했다.

"그렇다. 그럼 내가 또 너에게 묻겠다. 너의 가슴이 남쪽으로 떨어지지 아니하고 너의 등이 북쪽으로 떨어지지 않으며, 왼쪽 어깨가 동쪽으로 떨어지지 아니하고 오른쪽 어깨가 서쪽으로 떨어지지 않는 것은 어째서이냐?"

실옹의 질문에 허자가 웃으면서 대답했다.

"이는 남북의 형세가 없고, 동서의 형세 또한 없기 때문입니다."

그제야 실옹도 웃으며 말했다.

"총명하다. 이제야 더불어 도를 이야기할 만하다. 이 땅과 해와 달과 별의 위아래가 없는 것은 너의 몸에 동서와 남북이 없는 것과 같다. 그런데 어째서 사람들은 땅이 밑으로 떨어지지 않는 것은 이상하게 여기면서도, 태양과 달과 별이 떨어지지 않는 것은 전혀 이상하게 여기지 않는 것인가? 태양과 달과 별은 하늘로 올라가도 오르는 것이 아니며, 땅으로 내려와도 내려오는 것이 아니라 허공에 매달려 항상 머물러 있다. 하늘이 위아래가 없는 것은 그 자취로 보아 분명한데도, 세상 사람들은 평소에 잘못된 생각에 젖어 그 까닭을 찾지 않는다. 따라서 진실로 그러한 까닭을 찾아보면 땅이 떨어지지 않는 것은 의심할 여지가 없다.

무릇 땅덩이는 하루에 스스로 한 바퀴를 도는데, 땅 둘레는 9만 리[23]이고 하루는 12시간[24]이다. 9만 리를 12시간에 도니, 그 속도는 번개나 포탄보다도 더 빠른 셈이다. 땅이 이처럼 빠르게 돌기

---

23) **9만 리** ___ 1리는 0.393km이므로 9만 리는 약 3만 5,370km이다. 지구의 실제 둘레는 약 4만km이다.

24) **12시간** ___ 조선시대에는 하루를 12시간으로 나누어, 그 각각에 12지 이름을 붙였다. 즉, 자·축·인·묘·진·사·오·미·신·유·술·해를 붙여 자시, 축시, 인시…… 등으로 나타냈다.

때문에 허공의 기가 격하게 부딪치면서 허공에서 쌓여서 땅에 모이게 된다. 이리하여 위아래의 세력이 생기게 되는데, 이것이 바로 지면의 세력, 즉 땅이 끌어당기는 힘이다. 따라서 땅에서 멀어지게 되면 끌어당기는 힘도 없어진다.

또한 자석은 무쇠를 당기고 호박[25]은 티끌을 끌어당기니, 근본이 같은 것끼리 서로 작용하는 것은 만물의 이치이다. 그러므로 불꽃이 위로 올라오는 것은 해에 근본 한 때문이요, 바닷물이 위로 솟는 것은 달에 근본 한 때문이다. 그리고 온갖 만물이 아래로 떨어지는 것도 땅에 근본 하는 힘이 있기 때문이다.

지금 사람들이 땅 표면의 위아래만 보고 망령되이 하늘의 정해진 세력은 짐작하면서 땅 주위로 모이는 기운은 살피지 않으니, 이 또한 좁은 소견이 아니냐?"


## 모든 곳이 정기준의 세계다

실옹이 계속해서 허자에게 일러주었다.

"강과 바다의 물과 사람과 모든 만물이 땅의 윗면에만 모여 산다면, 중국과 그 주변 국가의 수만 리 먼 곳이나 가까운 곳이나 모두가 고르게 평평하여야 한다. 그렇다면 태산과 같은 큰 산봉우리나,

바다 너머에 있는 높은 곳에서 바라본다면 한눈에 빠짐없이 모두 볼 수가 있어야 하는데, 과연 그러하냐?"

허자가 대답했다.
"제가 평소에 사람의 시력에는 한계가 있다고 들었지만, 이치로 보아 혹 그럴지도 모르겠습니다."

이에 실옹이 말했다.
"사람의 시력이란 본래 한계가 있는 것이다. 비록 그렇지만 바다에서 보면 해와 달이 바다에서 나왔다가 바다로 들어가는 것처럼 보이고, 들에서 보면 해와 달이 들에서 나왔다가 들로 들어가는 것처럼 보인다. 따라서 하늘은 바다와 맞닿아 있고 들은 막힘이 없으니 시력에 한계가 있다는 말은 여기에 해당되지 않는다."

실옹이 계속해서 말한다.
"땅의 측량은 하늘의 관측을 기준으로 하는데, 하늘의 관측은 남

25) **호박** 琥珀 ___ 나무의 진 등이 오랜 기간 땅에 묻힌 채 굳은 것으로 장신구에 많이 쓰인다. 또 예전부터 정전기 실험에 쓰였는데, 호박에 털옷 등을 문질러 정전기를 일으켰다.

북의 양극에 근본기준을 둔다. 그리고 하늘을 관측하는 방법에는 세로로 관측하는 경經, 경도와 가로로 관측하는 위緯, 위도가 있다. 또 선을 드리워놓고 그 직선의 각도를 바라보며 측량하는 것을 천정26)이라 하고, 극에서 거리가 멀고 가까움에 따라 위도緯度가 얼마인가로 나타낸다.

지금 중국에서 배와 수레가 통하는 곳으로 북쪽에는 러시아가 있고, 남쪽에는 캄보디아가 있다. 러시아의 천정은 북쪽으로 북극과 20도이고, 캄보디아의 천정은 남쪽으로 남극과 60도를 이룬다. 두 천정 사이는 90도이고, 두 지역 간의 거리는 2만 2,500리이다.

그런데 러시아 사람은 러시아를 정기준의 세계로 삼아 캄보디아를 옆쪽의 세계라 말하며, 캄보디아 사람은 캄보디아를 정기준의 세계로 삼아 러시아를 옆쪽의 세계로 일컫는다. 또 중국은 서양과 경도의 차이가 180도에 이르는데, 중국 사람은 중국을 정기준의 세계로 삼아 서양을 반대쪽의 세계로 여기고, 서양 사람은 서양을 정기준의 세계로 삼아 중국을 반대쪽의 세계로 여긴다.

그러나 사실은 하늘을 이고 땅을 밟고 살아가는 사람들은 지역에 따라 다 그러하니, 옆쪽의 세계도 없고 반대쪽의 세계도 없이 모두 똑같은 정기준의 세계이다.

세상 사람들은 옛것에 안주하여 그저 습관처럼 따르면서 새로운 것을 살피지 않는다. 이치가 눈앞에 있는데도 일찍이 탐구하여 찾지 않았기 때문에 한평생을 하늘을 이고 땅을 밟고 살아가건만 그 실제 상황과 현상에 대해서는 캄캄하게 모르는 것이다. 이러한 사실은 서양의 기술이 뛰어난 어떤 지역에서 의심되는 모든 부분에 대해 정밀하고 상세하게 측량하였다. 그러므로 땅이 둥글다는 주장은 다시 의심할 여지가 없다."

실옹의 설명에 허자가 다시 질문했다.
"지구의 모습과 상하의 세력에 대해서는 삼가 가르침을 들었습니다. 다시 감히 묻겠습니다. 땅덩어리의 회전이 그처럼 빠르고 부딪치는 기운도 그처럼 격렬하다면 그 힘이 몹시 사납고 세찰 터인데, 사람이나 만물이 쓰러지거나 넘어지지 않는 까닭은 무엇입니까?"

이에 실옹이 대답했다.
"만물이 생겨날 때는 모두 기가 있어 그것이 몸체를 싸고 있기 때문이다. 즉, 몸체의 크기에 따라 싸고 있는 기의 두께가 다르니, 마치 새알의 노른자에 흰자가 붙어 있는 것과 같다.
그런데 땅은 덩어리도 크거니와 싸고 있는 기[대기] 또한 두텁다.

---

26) **천정** 天頂 __ 관측자의 위치에서 수직으로 하늘 위로 연장할 때 천체와 만나는 가상의 점을 말한다.

이렇게 큰 땅덩어리와 두터운 기가 서로 엉키고 뭉쳐서 하나의 공 모양을 이루면서 허공에서 도는데, 그러면 허공의 기와 서로 마찰 되는 동안 두 기의 가장자리에서는 격하게 부딪쳐 빨라진다. 술사 가 이를 측량하여 '세찬 바람'이라고 하는 것이다. 그리고 이를 벗 어나면 바깥은 크고 넓고 깨끗하고 고요할 뿐이다.

다시 말하면, 허공과 땅의 두 기가 서로 부딪쳐 안으로 들어와 땅에 모이는데, 마치 강물이 낭떠러지에 떨어져 소용돌이치는 듯 한다. 상하의 세력은 이렇게 이루어지니, 새가 공중에서 날고, 구 름이 피어났다 걷히며, 물고기와 용은 물에서 놀고 쥐는 땅에서 다 니듯, 모인 기에서 활동하는 것은 넘어지거나 쓰러질 염려가 없다. 하물며 지면에 붙어 있는 사람과 만물에게 문제가 있겠는가?

또한 네가 전혀 생각하지 못하는 것이 있다. 지구가 도는 것과 하늘이 운행하는 것은 그 형세가 같다. 만약 쌓인 기가 몰아치는 것이 회오리바람보다 더 사납다면, 사람과 만물이 쓰러지고 넘어 지는 정도가 갑절이나 더할 것이다. 마치 맷돌에 붙은 개미가 빨리 도는 것을 깨닫지 못하고 바람을 맞아 넘어지게 되는 것과 같다. 하늘의 운행은 괴이하게 여기지 않으면서, 땅의 회전만 의심을 하 며 이런 이치를 생각하지 못하는 것이 심하다."

# 실제 보이는 것도 부정하면 개혁이란 없다

– 지구는 둥글고, 어느 곳이나 정지준의 세계라고 말한 이유

"그래도 지구는 돈다."

갈릴레이가 1616년 서양 중세사회의 기독교적인 세계관에 대치되는 지동설을 주장하다가 종교재판에 회부되었을 때 재판장을 나오면서 한 말이다. 비록 겉으로는 굴복하였지만 과학자로서 강한 의지를 보여주는 말이다. 우리는 이 이야기뿐만 아니라 코페르니쿠스의 태양 중심 체계라든가 뉴턴의 만유인력의 법칙 또는 아인슈타인의 상대성이론 등을 흔히 들어왔다. 그래서인지 과학이라고 하면 동양과는 왠지 모르게 거리가 멀게 느껴지고 마치 서양의 전유물인 양 생각하기 쉽다.

물론 우리나라에도 신라의 첨성대, 고려의 세계 최초의 금속활자, 그리고 조선의 천체관측 기구인 혼천의 등이 있다. 우리는 이러한 것들이 얼마나 소중한 문화유산인지, 장영실을 비롯한 우리 선조의 과

학적 역량이 얼마나 뛰어난 것인지 잘 알고 있다. 그러나 그럼에도 불구하고 과학이 우리 민족과 역사적으로 긴밀하게 연관되어 있었다고 하기에는 왠지 미진함이 남는다. 하지만 지금부터 250여 년 전에 저술된 홍대용의 《의산문답》을 읽다 보면 생각이 달라진다.

지구 구형설과 지동설, 지구의 자전과 여러 자연현상에 대한 그의 설명은 현대 과학의 설명과도 큰 차이를 보이지 않을 정도이다. 《의산문답》을 읽고 나면 우리 민족의 자연과학에 대한 관심과 그 학문의 정도가 얼마나 깊었는지를 확연하게 알 수 있다. 이와 관련하여 홍대용의 주장을 다시 한 번 음미하며 그의 자연관을 감상해보자.

먼저 홍대용은 땅이 둥글다고 보았다. 만물의 형태가 모두 원형이므로 땅도 예외일 수 없으며, 일식과 월식 현상을 보면 가려지는 부분이 둥글다는 것을 그 이유로 들었다. 또한 둘레가 9만 리인 지구가 하루 열두 시간 안에 한 바퀴씩 돈다고 보았는데, 지동설은 홍대용의 가장 특징적인 주장이라고 할 수 있다. 북학파 실학자인 박지원이 1780년 북경 방문 중에 홍대용의 지전설을 이야기하면서 "서양인들이 이미 땅이 둥근 줄은 알면서도 땅이 도는 것을 말하지 않았는데, 이것은 그들이 둥근 것은 반드시 돈다는 것을 몰랐기 때문이다"라고 하였다. 만약 박지원이 말한 것처럼 홍대용의 지전설을 독창적인 것으로 본다면 동양인으로서는 최초의 주장이 된다.

서양에서는 지전설이 이미 주장되었지만 이단으로 여겨지고 있었고, 1835년에 이르러서야 교황청에 의해 해금되었다. 물론 홍대용이 당시 국내에서 김석문<sup>조선 후기의 학자. 티코 브라헤의 우주 체계를 ≪역학도해≫에 게재하고 지전설을 주장함</sup>과 티코 브라헤의 천체에 대한 책을 보았거나, 서양 선교사들에게 지동설에 대해 들었을 가능성은 있다. 하지만 티코 브라헤의 경우는 지구가 자전한다고는 하지 않았다. 또한 당시 중국에 와 있던 서양 선교사들은 개인적인 의견이 어떠했는지는 알 수 없지만 드러내놓고 지동설을 주장할 수 있는 처지도 아니었다. 김석문이 ≪역학도해≫에서 이미 지구의 자전과 공전을 주장하였던 것으로 보아, 지구의 자전에 대해 홍대용이 그의 저서를 통해 알았을 가능성을 완전히 배제할 수는 없다. 하지만 홍대용이 김석문과는 달리 지구는 공전하지 않는다고 보는 등 지구에 대한 그의 생각이 독창적이었다는 점은 부인할 수 없다.

아무튼 당시에 인정받지 못하고 있었던 지동설을 홍대용이 분명하게 주장하였다는 것은 그 의미가 상당히 크다. 그는 지구의 자전과 관련해서 둥근 지구 표면 어느 곳에서나 인간이 살 수 있는 이유를 설명하였는데, 사람이 떨어지지 않고 살 수 있는 이유는 지구 둘레에서 지구 중심을 향하는 힘, 즉 중력 때문이라고 하였다. 물론 그의 천체에 대한 이론을 지금의 과학 수준에서 본다면, 지구의 공전을 부정한 점이나 우주를 지배하는 힘을 중력으로만 본 것은 실제와는 다소 거리가 있는 것이 사실이다.

비록 홍대용의 천체에 대한 설명이 완전하지는 않지만 당시 일반적인 수준을 감안할 때 그의 이론은 분명히 시대를 앞서가는 것이었다. 그는 중국에 가기 전부터 혼천의를 만들고 사설천문대인 농수각을 세워 천체를 관측하는 등 과학적인 연구를 해왔고, 이를 바탕으로 하여 새로운 학문을 접하게 되면서 천문학에 대한 자신의 이론을 가질 수 있었던 것이다.

그러면 그는 왜 당시 누구도 주장하지 못한 지동설과 지구 구형설을 주장했던 것일까? 먼저 그 자신이 우주와 자연에 관심이 많았기에 천체와 지구에 대한 연구의 결과가 하나의 이유일 것이다. 그리고 한편으로는 조선의 현실을 개혁하기 위한 방편이기도 했다. 이것은 천체를 연구하면서 중국이 서양과는 180도 반대되는 위치에 있다는 점, 그리고 중국인이나 서양인이나 각각 자기가 정기준의 세계에 살고 있다고 믿기에 '중국이 세계의 중심이 아니다'라는 것을 알려줌으로써, 새로운 세계관을 강조한 것으로 해석할 수 있다.

당시 18세기는 실학이라는 학문을 통해 변화와 개혁을 요구하는 다양한 주장이 나온 시기였다. 하지만 정치권의 주류세력은 여전히 비현실적인 성리학의 입장에서 논쟁을 심화하였고, 이것은 결국 끊임없는 붕당의 대립으로 이어졌다. 어려서부터 참 선비의 길에 뜻을 두고 과학적 사고에 익숙했던 홍대용은 그러한 정치권의 모습에 상당한 반감을 가지고 있었을 것이다. 더구나 북경까지 가서 청나라 선비인 반정균, 엄성, 육비와 다양한 학문을 토론하고 서양의 과학사상을 받아들인 이후에는 조선사회가 갖고 있었던 여러 모순에 대해 더욱 비판적이었을 것이다. 세상은 변화하고 사람들은 개혁을 갈망하고 있는데, 주류의 세력들은 성리학의 틀에 얽매어 자신들의 주장만이 옳다면서 이권만을 좇는 모습에 홍대용은 일단 그들의 잘못된 세계관부터 고쳐놓고 싶었을 것이다. 청나라의 앞선 문물과 서양의 과학을 직접 대하고 나서 이것의 장점을 받아들인다면 조선이 당면한 문제를 해결할 수 있다고 보았을 것이다.

그런데 이를 위해서는 우선 만주족이 세운 청과 서양의 문물을 제대로 이해하지 못하고 천한 것이라고 무시만 하는 당시의 기득권층의 중화사상부터 변화시켜야 했다. 사고가 바뀌지 않는다면 새로운 문물을 받아들일 여지가 없기 때문이었다. 이를 위해서 그는 지구 구형설을 먼저 설명하였고, 지구가 둥글기 때문에 적어도 지리적으로 보면 중국이 세계의 중심이 아니라는 점을 분명히 밝힌 것이다.

이처럼 홍대용은, 지고지순한 자연의 법칙과는 상관없이 비현실적인 성리학에 빠져 그 기준으로 세상을 바라보며 가식과 위선으로 무장한 기득권층의 허세를 진실로 깨트리기를 원했다. 하지만 당시 상황으로 볼 때 그의 생각은 한낱 계란으로 바위치기에 불과했다. 말년에 그도 관직에 올랐으므로, 자신의 개혁사상을 펼치기가 결코 쉽지 않았음을 경험했을 것이다. 그러나 비록 당대에 그 뜻을 실현할 수는 없었다 하더라도 그는 세상을 깨우치기 위해 자신의 생각을 글로 남기고, 박지원, 이덕무, 유득공, 박제가 등의 실학자들과 뜻을 함께 나누며 자신의 생각을 알렸다.

또한 그는 자신들의 이익이나 대변하면서 끊임없이 명분만 내세우는 기득권층에게 우주의 일정한 법칙과 살아 있는 원칙을 알려주기를 원했다. 둥근 땅에서 서로 의지하여 살아가는 인간은 자신만을 위해서 살아가는 것이 아니라 더불어 살아야 한다는 지혜를 우주에서 배워야 한다는 것을 진정으로 알려주고 싶었을 것이다.

무한한 우주에서 볼 때, 우리가 살고 있는 세상은 하나의 점으로도 표시할 수 없을 만큼 작은 세계이고, 사람은 그런 작은 지구의 어느 한 곳에 사는 하찮은 존재이다. 평생 욕심을 채우며 잘 먹고 잘 산다고 해도 백년을 넘기지 못하는 것이 사람이다.

우주와 자연을 바라보며 당시 기득권층과는 정반대되는 입장에서 지구는 둥글고 쉬지 않고 자전하고 있다고 말한 홍대용! 그는 '월식'을 보고도 지구가 둥글다는 것을 부정하는 것처럼 실제 보이는 것도 부정한다면, 어느 시대를 살아가든 진실한 개혁은 기대할 수 없다는 것을 암시하고 있다. 대대손손 부귀영화를 누려보겠다고 눈앞에 보이는 진실마저 외면하는 양반 지배세력의 의식개혁 없이는 결코 진정한 개혁이란 있을 수 없다는 것을 암시하고 있는 것이다.

# 04 무한한 우주에
## 한낱 지구가 있다

## 하늘은 가만히 있고 땅이 움직인다

허자가 질문했다.

"그러나 정밀하고 자세한 서양 사람들도 이미 오래 전에 '하늘은 운행하고 땅은 정지해 있다'고 하였고, 중국의 성인 공자 또한 '하늘의 운행은 굳세다' 하였습니다. 그렇다면 그러한 말들이 모두 잘못된 것입니까?"

실옹이 대답했다.

"좋은 물음이다. 옛말에 '백성을 이치대로 따르게 할 수는 있어도 이치를 알게 할 수는 없다'고 하였다. 또 군자는 풍속에 따라 가르침을 베풀고 지혜로운 자는 순리에 맞는 것을 찾아서 자기주장을 내세울 뿐이라 하였다.

'땅은 정지해 있고 하늘이 운행한다'는 말은 사람들의 일반적인 견해로서 백성들이 그렇게 생각하더라도 해로울 것이 없고, 하늘의 운행을 기준으로 책력을 만들어 나누어주는 데에도 별 탈이 없었다. 그러니 이것으로 백성을 다스린다 해도 별 문제가 없지 않겠느냐? 송나라 장자후[27]가 이 뜻을 조금 밝혔고, 서양 사람도 주행안행론[28]을 근거로 추측하였는데, 이것은 매우 분명하다. 따라서 천체와 기상을 관측함에 있어서는 땅은 가만히 있고 하늘이 운행한다는 천운설天運設에 따르는 것이 편리하다.

그러나 하늘이 운행하는 것과 땅이 회전하는 것은 그 형세가 마찬가지이니 나누어 말할 필요가 없지만, 9만 리의 지구가 한 바퀴 도는데 앞서 말한 것처럼 몹시 빠르다. 이런 관점에서 보면 저 별에서 지구까지의 거리는 겨우 반지름이지만 실제로는 몇천 몇만 몇억인지 알지 못한다. 더구나 별 밖에 또 별들이 있는데 무슨 말을 더 하겠는가. 이렇게 우주는 끝이 없고 별들 또한 끝이 없으니, 그 한 바퀴를 말한다 하더라도 너무 멀어서 헤아리지 못한다. 따라서 그런 하늘이 하루 동안에 도는 빠르기를 생각해본다면 번개나 포탄의 빠름으로도 여기에 견주지 못한다. 이것은 수를 잘 헤아리는 자도 능히 계산할 수 없고, 아무리 말을 잘하는 자도 능히 이야기할 수 있는 것이 아니다. 따라서 땅은 정지해 있고 도저히 헤아릴 수 없는 하늘이 운행한다는 주장이 이치에 맞지 않음은 여러 말이 필요하지 않다."


## 우주의 중심은 지구가 아니다

실옹이 허자에게 다시 질문했다.

"세상 사람들이 천지를 이야기함에 있어, 어찌하여 지구가 하늘의 중심이 되며 태양과 달과 별, 즉 삼광에 두루 싸여 있다고 말하느냐?"

허자가 대답했다.

"태양과 달, 그리고 금성·수성·목성·화성·토성이 지구를 둘

27) **장자후** 張子厚, 1020~1077년 __ 중국 북송(北宋) 중기의 학자로 ≪경학이굴≫ ≪정몽≫ ≪서명≫ 등의 저서로 이름을 떨쳤다. 특히 ≪정몽≫에서는 송나라 최초로 '기일원'의 철학사상을 전개하여, 우주의 만물은 기의 집산에 따라 생멸·변화하는 것이며 이기의 본체는 태허(太虛)로서, 태허가 곧 기라고 주장하였다.

28) **주행안행** 舟行岸行 __ 배도 가고 연안도 간다는 뜻.

러싸고 있다는 것은 천문을 관측하여 드러났습니다. 따라서 지구가 중심이라는 것은 의심할 여지가 없다고 생각합니다."

실옹이 설명했다.

"그렇지 않다. 하늘에 가득 찬 별들은 모두 하나의 세계가 아닌 것이 없으니, 별들의 세계로부터 본다면 지구 또한 하나의 별이다. 헤아릴 수 없는 무한한 별들이 하늘에 흩어져 있는데, 오직 이 지구만이 공교롭게도 하늘의 중심에 있다는 것은 있을 수 없는 일이다.

모든 별은 하나의 세계가 아닌 것이 없고, 돌지 않는 것이 없다. 그러니 다른 별에서 본다면 지구에서 보는 것과 마찬가지로 각기 스스로 중심이 될 것이고, 다른 별들은 주변에 있는 잡다한 세계가 된다.

만일 진실로 태양·달·금성·수성·목성·화성·토성, 즉 칠정七政이 지구를 에워싸고 있다면 지구에서는 당연히 지구가 칠정의 중심이라고 말할 것이다. 그러나 진정 지구가 뭇별들의 한복판에 있다는 생각은 우물 안에 앉아서 하늘을 바라보는 것과 같은 좁은 소견이다.

칠정은 수레바퀴처럼 자전함과 동시에, 연자방아를 돌리는 나귀처럼 태양의 주위를 싸고 돈다. 지구에서 볼 때 지구에 가까워서 사람들에게 크게 보이는 것을 해와 달이라 이르고, 지구에서 멀리 떨어져 있어서 작게 보이는 것을 금성·수성·목성·화성·토성, 즉 오성五星이라 이른다. 그러나 실제로는 이들이 모두 별의 세계이다.

금성·수성·목성·화성·토성, 즉 오위五緯는 태양을 둘러싸고 있으므로 태양이 그 중심이며, 태양과 달은 지구를 둘러싸고 있으므로 지구를 그 중심으로 삼는다.[29] 금성과 수성은 태양에 가까우므로 지구와 달은 그 궤도 밖에 있다. 목성·화성·토성, 즉 삼위三緯는 태양과 멀리 떨어져 있으므로 지구와 달이 그 궤도 안에 있다. 금성과 수성 사이에는 수십 개의 작은 별이 있는데 이들 역시 모두 태양을 중심으로 하고 있다. 목성·화성·토성 곁에는 4, 5개의 소성[30]이 있는데, 이들은 모두 각각 목성·화성·토성을 중심으로 하고 있다. 지구에서 보는 관점이 이와 같으니 각각 다른 별에서 보는 관점도 미루어 짐작할 수 있다.

그러므로 지구는 해와 달의 중심은 될지언정 금성·수성·목성·화성·토성의 중심은 될 수 없다. 또한 태양은 금성·수성·목성·화성·토성의 중심은 될지언정 뭇 별들의 정중심은 될 수 없다. 태양도 정중심이 되지 못하는데, 하물며 지구가 정중심이 되겠는가?"

---

[29] 태양은 항성이고 나머지는 행성과 위성이라는 것을 알지 못한 상태에서 한 해설이다.

[30] **소성** __ 금성과 수성 사이에 실제로는 작은 별들이 없다. 하지만 지구가 우주의 중심이 아니라는 사실을 관찰자의 관찰 위치에 따라 별들이 달리 보일 수밖에 없는 이치를 들어 설명하는 것으로서 상당한 통찰을 내포하고 있다.

## 우주는 무한한 세계이다

실옹의 설명에 허자가 되물었다.

"지구가 중심이 될 수 없다는 말씀은 잘 알아들었습니다. 그러면 감히 여쭙건대 은하는 어떤 세계입니까?"

실옹이 대답했다.

"은하란 여러 별들로 묶여 이루어진 하나의 세계로, 우주에 두루 돌아 하나의 큰 테두리를 이룬 것이다. 그리고 그러한 큰 테두리 속에는 많은 별들이 있어 그 수가 몇 천 몇 만이나 되는데 태양과 지구 등도 여러 별 중의 하나이니, 이 은하는 참으로 하늘의 커다란 세계이니라.

그렇지만 이것은 지구에서 볼 때에 이와 같을 뿐이지, 지구에서 보이는 것 외에도 은하와 같은 것이 몇천 몇만 몇억이 되는지 알수 없다. 따라서 나의 아득한 눈으로는 은하가 가장 큰 세계라고 함부로 가볍게 말할 수 없다.[31]

또한 은하계 안에는 밝은 세계, 어두운 세계, 따뜻한 세계, 추운 세계가 있다. 밝은 세계에 가깝게 있는 것은 빛을 받아 밝아진 것이고, 따뜻한 세계에 가깝게 있는 것은 온기를 받아 따뜻해진 것이다. 밝고 따뜻한 것은 태양의 세계이며, 어둡고 추운 것은 지구와 달의 세계이다. 어둡고 추우면서도 밝고 따뜻해진 것은 지구와 달이니, 태양에 가까이 있어 그 빛을 받았기 때문이다."

실옹의 설명에 허자가 질문했다.
"선생의 말씀대로 여러 별이 모두 제각기 하나의 세계를 이룬다면, 각 세계의 형색과 실상을 들려주시겠습니까?"

실옹이 웃으면서 말했다.
"소요부는 '천지가 개벽해서 12만 9,600년이 되면 한계에 이르므로 이를 개벽의 주기로 삼는다'고 하여 스스로 '크게 보았다'고 자부했다. 그리고 세상 사람들 또한 '크게 보았다'고 여겨왔는데, 너는 어떻게 생각하느냐?"

허자가 즉각 대답했다.
"그 개벽의 주기를 듣기는 하였으나 그 이치를 믿을 수는 없습니다."

---

31) 태양이 속한 은하 안에는 약 2,000억 개의 항성이 있다. 비교적 정확한 해설이지만 아직도 빛과 열이 같은 핵융합에서 나온다는 사실에 대해서는 모르고 있다. 우주에 별과 같은 물질이 존재하는 곳에 텅 빈 공간도 존재한다. 물질이 전혀 없는 곳에는 텅 빈 공간도 존재하지 않는다.

이에 실옹이 말했다.

"그렇다. 몸과 물질로 되어 있는 만물은 끝내는 반드시 파괴되어 없어진다. 모든 것은 엉켜서 물질을 형성하고, 녹아서 기로 되돌아간다. 이에 지구도 생겨남이 있으면 사라짐이 있다는 것은 그 이치로 보아 당연하다. 그러나 오직 하늘만은 텅 비어 있어 한없이 크고 넓을 뿐 아무런 형체도 없고 어떤 일이 일어날 징조도 없으니, 하늘이 열리어 무슨 물체가 생기고 하늘이 닫히어 무슨 물체가 없어지겠느냐? 따라서 소요부의 천지개벽의 주기는 생각이 미치지 못함이 심한 것이다.

무릇 사람인 우리가 이 세상에 태어난 것을 한 기원으로 따지더라도 이것이 몇천 몇만 몇억 년인지 알 수 없고, 다른 각 세계를 두루 다니면서 그것이 엉키거나 녹아버린 세월을 더듬어본다 해도 또한 몇천 몇만 몇억 년인지 알 길이 없다. 우리보다 앞서간 것이 몇천 몇만 몇억 년인지 알 수 없고, 우리보다 뒤에 올 것이 또한 몇천 몇만 몇억 년인지 알 수가 없는 것이다.

그러므로 각 세계의 모양과 실상을 너 역시 능히 알 수가 없는 일이고, 또한 알 필요도 없는 일이다. 나 또한 능히 말할 수도 없고 또한 말할 필요도 없는 일이다. 설혹 말한다 하더라도 네가 반드시 놀라고 의심하여 아주 조금밖에 믿지 않을 것이니, 지금 네가 보는 범위 안에서 알 만한 것을 말하겠다."

# 태양과 달과 지구의 세계

실옹이 이어서 설명했다.

"태양은 그 몸체가 지구보다 몇 곱절 큰데, 그 바탕은 불이며 그 빛깔을 붉다. 바탕이 불로 된 까닭에 그 본성은 따뜻하고, 빛깔이 붉기 때문에 그 빛은 밝다. 그 빛은 사방에 환희 비치는데 멀수록 점점 약해지지만, 그 거리는 수천만 리에 이른다. 태양의 세계에서 태어난 자는 순수한 불의 기운을 받아 그 몸체가 밝고, 그 성질은 강렬하고, 그 분별이 투철하고, 그 기운은 드날린다. 낮과 밤의 구분도 없고 겨울과 여름의 계절도 없이 예로부터 불의 세계에서 살아왔기 때문에 그 뜨거움을 깨닫지 못한다.

달은 그 몸이 지구보다 작으니 지구의 30분의 1밖에 되지 않는다. 그 바탕은 얼음이며 그 빛깔은 맑다. 바탕이 얼음인 까닭에 그 본성은 차고, 빛깔이 맑기 때문에 태양에 비치어 빛을 낸다. 태양에서 멀어지면 빛이 하늘에 엉켜 거울처럼 밝게 보이고, 태양에서 가까워지면 빛은 퍼져 넓은 바다와 같아진다. 달의 세계에서 태어난 자는 순수한 얼음의 기를 받아 그 몸체는 맑고, 그 성질은 깨끗하고, 그 분별이 밝고, 그 기운은 가볍다. 낮과 밤의 구분 및 겨울과 여름의 기후 차는 지구의 세계와 마찬가지이다. 달은 예로부터 얼음의 세계에 살아왔기 때문에 그 차가움을 깨닫지 못한다.

지구는 태양과 달, 그리고 금성·수성·목성·화성·토성, 즉 칠정의 찌꺼기로 그 바탕은 얼음과 흙이며 그 빛깔은 어둡고 흐리다. 바탕이 얼음과 흙인 까닭에 그 본성은 차고, 빛깔이 어둡고 흐리기 때문에 태양에 비쳐도 밝은 빛이 적다. 태양에 가까운 데만 따뜻함을 받아 흙이 기름지고 얼음이 풀린다.

　지구에서 태어난 자는 그 체질이 순수하지 못하고, 그 성질은 조잡하고, 그 분별이 어둡고, 그 기운은 둔하다. 태양이 비치면 낮이 되고 태양이 지면 밤이 된다. 태양이 가까워지면 여름이 되고 태양이 멀어지면 겨울이 된다. 태양의 불꽃이 이글거리니 중생이 크게 불어나고, 만물이 관계를 가져 몸에 배게 되니 사람과 만물이 번성한다. 이에 신통한 지혜는 날로 줄어들고 잔꾀만 늘어나며, 이해득실과 욕망이 넘쳐 삶과 죽음도 아랑곳하지 않으니, 이것이 바로 지구의 실정이며 네가 보고 아는 바 그대로이다.”[32]


　실옹의 설명을 듣고 허자가 질문했다.

　“태양의 세계에 사는 자는 불에 사는 화서[33]와 같고, 달의 세계에 사는 자는 물에 사는 물고기와 같으므로 그 이치가 그럴 듯합니다. 그런데 감히 여쭙건대, 태양과 달 두 세계의 생물이 서로 통해 왔다 갔다 할 수 있습니까?”

실옹이 대답했다.

"이 무슨 어리석은 말이냐? 육지에 살던 것이 물에 들어가면 숨이 막혀 죽고, 물에서 살던 것이 육지로 나가면 숨을 힐떡이다 죽는 법이다. 남쪽 사람들은 추위를 견디지 못하고, 북쪽 사람들은 더위를 견디지 못한다. 이처럼 같은 세계에서도 서로 통하지 못 하는데, 각각 다른 세계에서 태어나 형체와 기질이 물과 불처럼 서로 다름에야 말할 것도 없다. 물과 불이 같은 그릇 속에 산다는 것이 될 법한 일이냐?"

이에 허자가 말했다.

"저는 혼탁한 세계에서 살고 있는 보잘것없는 존재입니다. 선생

---

32) 태양의 실제 크기는 지구의 약 130만 배이고, 지구와의 거리는 약 1억 5,000만km이다. 태양빛이 나아가는 거리는 적어도 1만 광년이 넘는다. 지구 위의 생명체들은 특수한 환경에 있는 소수의 예외를 제외하고 모두 직·간접으로 태양빛에 의해 생성·유지된다. 달은 지름이 약 3,476km로써 지구의 1/4 크기이고, 질량은 1/18이다. 달은 지구와 비슷한 암석으로 이루어져 있고 표면에 얼음이 없다. 달의 밝기는 달이 지구를 도는 위치에 따라 우리 눈에 다르게 보일 뿐 실제로 햇빛을 외부로 방사하는 양은 일정하다. 또한 달은 공전과 자전을 같은 주기로 한다. 그래서 달에서는 하루와 1년이 같은 29.5일이다. 낮과 밤이 지구에서와 같지 않아, 낮이 약 15일, 밤이 약 15일이다. 달의 세계에서 사람이 태어날 수 없다는 것은 오늘날 누구나 알고 있다.

33) **화서** 火鼠 ⎯ 화산 속에 산다는 상상 속의 동물.

의 말씀을 듣고 비로소 허공에 여러 세계가 있다는 것을 알았습니다. 그동안 저는 신의 힘을 얻어서 저 하늘로 올라가 허공을 헤엄쳐 다니면서 놀기를 원했는데, 지금 태양과 달의 세계조차도 서로 통할 수 없다 하니, 저는 끝내 이 혼탁한 세계에서 답답한 생활을 면하지 못하겠습니다."

실옹이 웃으면서 말했다.

"네가 진정 저 하늘로 올라가고 싶다면 술법이 없음을 걱정할 필요가 없다. 대개 연못의 물고기가 용이 되고, 바다의 곤어[34]가 붕새[35]로 변화하고, 흙 속의 굼벵이가 매미로 변하고, 들의 누에가 나비로 둔갑하는데, 사람의 신령한 재주로 어찌 술법이 없음을 걱정하겠느냐?

도가에서 말하는 대로 10년 동안 태식[36]을 하면 신선이 되어 껍질을 벗고, 몸이 영혼으로 변하여 구름과 하늘로 높이 오르게 될 것이다. 그렇게 되면 불에 들어가도 타지 않고 물에 들어가도 젖지 않으며, 여러 세계에 노닐면서 깨끗하고 상쾌함을 누리게 될 것이다. 그런데 너도 그렇게 되고 싶으냐?"

허자가 대답했다.

"그것은 세속에서 이르는 선인의 술법입니다. 저도 그 말을 듣기는 하였으나 감히 믿지는 않았습니다. 만약 그러한 술법이 정말로 있다면, 아내와 자식을 헌신짝 버리듯하겠습니다."

실옹이 노여워 거친 소리로 말했다.
"너를 가르칠 만하다고 여겼더니, 어리석고 막힌 소견을 이렇게 열기가 힘들고 이익을 탐하고 욕심에 흐려진 마음을 깨끗이 하기가 이토록 어려운 것이냐?

저 태식의 기술은 실상 그런 이치도 있고 또한 그런 사람도 있다. 그러나 그렇다고 해도 길면 만 년을 살고 짧으면 천 년을 살 수 있을 뿐, 끝내는 죽음으로 돌아가니 이 또한 무슨 소용이 있겠느냐.

사람의 소원과 욕심은 끝이 없는 것이다. 아름다운 집, 살결 고운 여자, 높은 직위와 빛나는 권세, 진귀한 물품과 이상한 것의 구경 따위는 모든 사람이 원하는 것이다. 그 중에 간사하고 교활한

34) **곤어** __ 크기가 수천 리에 이르고 북쪽 바다에 산다는 상상 속의 물고기로, 나중에 봉새가 되어 남쪽 바다로 간다고 한다.

35) **봉새** __ 고대 중국의 전설에 나오는 상상의 새로, 날개의 길이가 3,000리나 되고 단번에 9만 리를 난다고 한다.

36) **태식** 胎息 __ 도가에서 행하는 호흡법의 한 가지. 잡념을 없애고 가만가만 편안히 숨을 쉬어, 기운이 배꼽 아래 단전에 미치게 하는 호흡법을 말한다.

자는 그 직위가 위태로워질까 염려하고, 남들이 헐뜯지나 않을까 걱정하며, 때로는 갑자기 화가 닥칠까 근심한다. 또 반드시 신선이 될 수 없다는 것을 알면, 몸을 돌이켜 수양하는 척하면서 욕심을 세속 밖으로 드러내어 천년 만년이 지나도록 쾌락을 누리며 살기를 도모한다.

신선은 정신과 생각이 고요하고 아득히 깊어져 여러 세계를 두루 노닌다. 그리고 기쁨·노여움·슬픔·즐거움·사랑·증오·욕심, 즉 칠정[七情]이 영원히 없어진 다음에는 귀에는 아무런 들림이 없는 듯하고 눈에는 아무런 보임이 없는 듯하다. 그러니 세속의 감정으로 생각한다면 한 가지도 즐거운 일이 없는 것이다.

그런데 세상 사람들은 신선이 날아다니면서 한세상을 살아가는 것을 보고, '신선은 용을 타고 바람을 부르면서 여러 신선들을 불러 별천지에서 한가로이 이리저리 놀러 다니며 모든 쾌락을 누린다'고 망령되이 생각하니, 이 또한 어리석은 것이 아니겠느냐?

무릇 신선의 술법이란, 그 요체가 인위적인 것이 아닌 자연 그대로의 상태를 말한다. 즉, 마음에 아무런 생각이 없이 편안하여 고요하고도 흔들림이 없는 것이다. 그런데 만약 고운 여색을 탐내는 속된 생각이 한번이라도 마음속에 싹튼다면 몸의 원기가 흩어지고 도통한 몸이 타락하게 된다. 따라서 만약 신선이 되고 싶은 세속 사람이 이 경지에 도달하게 되면, 그는 반드시 그 고요함과 쓸쓸함을 싫어하고 단순함과 담백함을 괴롭게 여겨 잠깐 동안도 신선이 되고 싶어 하지 않을 것이다.

또한 세상에는 남을 속이는 허망한 술법을 가진 희한한 자들이 있다. 이들은 자신을 참된 신선이라 칭하면서 여기 번뜩 저기 번뜩 하는 기괴한 짓으로써 어리석은 세상 사람들을 우롱하는데, 어리석은 사람들의 망령된 생각은 실상 여기에서 비롯된 것이다.

무릇 참된 신선은 아주 가볍게 세상을 버리고, 친척의 은혜와 의리를 잊으며, 고향의 그리움도 끊어버린다. 더구나 혼탁한 세상의 냄새나고 더러운 것을 가까이해서도 안 된다. 그런데 어찌 스스로 자신의 몸을 욕되게 하면서 뜻을 굽히고, 술법을 써서 세상을 놀라게 하며, 자기의 신분을 다 드러내고 스스로 죄가 될 만한 허물을 만들겠느냐? 세상의 어리석고 혼란스러움이 너무도 심하구나!

이런 까닭에 신선이 된 자들은 하는 것도 없고 하고 싶은 것도 없이 진실로 그 원기를 보전한다. 그러나 천 년이나 만 년을 지낸 뒤에는 결국 몸도 마음도 다 없어져버리니, 오랜 것이나 빠른 것이나 구별 없이 모두가 부싯돌의 불이요, 물거품이요, 환상이니, 실로 일찍 죽은 자와 마찬가지인 것이다.

따라서 그런 소원을 일으킨 마음을 캐내보면 사실은 자기 이익을 얻으려는 마음에서 나온 것인데, 결과는 끝내 아무런 이익이 없다는 것이다. 결국 그 생각이 교묘한 듯하나 실상은 졸렬하고, 꾀가 있는 듯하나 실상은 어리석은 것이다.

그런데 네가 도를 배우고 싶어 하면서도 어리석게도 이렇게 신선이 되는 것을 소원하니 이 또한 잘못된 것이 아니냐?"

허자는 깜짝 놀라며 깨닫고는 웃으면서 말했다.

"제가 잘못 생각했습니다. 그런데 감히 여쭙고자 합니다. 각각의 별들은 모두 다 돌고 또한 능히 다른 별들을 공전하는데, 유독 이 지구만이 스스로 돌 뿐 능히 공전하지 못하는 이유는 무엇 때문입니까?"

실옹이 대답했다.

"여러 별들의 세계를 보면, 그 몸체가 가볍거나 무거운 것이 있고, 성질이 둔하거나 빠른 것이 있다. 가볍고 빠른 것은 스스로 돌면서 공전할 수 있으나, 무겁고 둔한 것은 스스로 돌 뿐이지 공전하지는 못한다.

가장 가벼우면서 빨리 도는 것은 공전의 궤도가 가장 넓으니 목성 · 화성 · 토성, 즉 삼위 등이고, 가장 무거우면서 둔하게 도는 것은 공전 궤도가 한 군데 붙박여 있으니 지구 등이다. 가벼운 세계에 사는 것은 비어서 신령스럽고, 무거운 세계에 사는 것은 꽉 차서 둔하다."

실옹의 대답에 허자가 다시 질문했다.

"그렇다면 금성·목성·수성·화성·토성, 즉 오위는 쇠·나무·물·불·흙, 즉 오행의 근본이 되는 힘이요, 항성[37]은 만물의 상징인데, 아래로 지구 세계에 응하여 재앙이나 복의 징후를 나타내는 것은 어째서입니까?"

실옹이 대답했다.

"금성·목성·수성·화성·토성, 즉 오성의 몸체에는 각각 그 덕성을 가졌지만, 거기에 쇠·나무·물·불·흙, 즉 오행에 나누어 붙인 것은 술법을 부리는 자들의 좁은 소견이다.

또 지구에서 보면 많은 별들이 잇달아 보이는 것이 마치 묘성[38]의 별들이 다닥다닥 모여서 끼리끼리 떼를 지어 있는 것과 같다. 그러나 실제로 그 10여 개의 별들을 보자면 그 중심에서 높고 낮음과 멀고 가까운 거리는 천 리 만 리도 넘는다. 따라서 다른 세계에서 보면 태양과 달과 지구가 세 점으로 이어져 꿴 구슬처럼 반짝일

---

37) **항성** 恒星 __ 스스로 빛을 내는 별을 말하는데, 천구(天球) 상에서 움직이지 않는 것처럼 보여 항성이라 부른다. 대표적인 것으로는 태양을 들 수 있다.

38) **묘성** 昴星 __ 28수의 하나로 황소자리에 널리 펴져 있는 항성들의 집단을 말한다. '좀생이별' 혹은 '플레이아데스성단'이라고도 한다.

것이다. 그럼 이제 태양과 달과 지구를 합쳐서 하나로 본다면 '삼성三星'이라고 불러도 괜찮겠느냐?

오직 책력에 의해 천체의 운행에 대한 연구는 별자리의 법도〔宮度〕에 따른 것인데, 별에 명칭이 붙은 것은 역술가들이 편하기 위한 것이다. 그런데 이를 복잡하게 덧붙여 말하고 또한 억지로 맞추어서 속된 일에 끌어다 붙여 복술가의 도구로 변하였으니, 그 지리하고 난잡하고 허망함이 전국시대에 천문가들이 중국 전토를 하늘의 28수[39]에 배당하여 구별한 분야[40]에서 가장 심하였다.

무릇 지구를 우주에 비교한다면 미세한 티끌만큼도 안 되며, 저 중국을 지구세계에 비교한다면 10여 분의 1밖에 되지 않는다. 따라서 지구의 둘레를 빙 둘러 거기에 별을 나누어 맞추는 것은 그럴 수도 있는 것이다. 하지만 지구의 한쪽에 있는 중국에다 여러 별세계를 억지로 끼워맞춰 나누기도 하고 합치기도 하면서 재앙과 상서로움을 점친다는 것은 그 망령되고도 망령됨이 말할 나위도 없는 것이다."


허자가 질문했다.

"그렇지만 천문가들이 중국 전토를 하늘의 28수에 배당하여 구별한 분야설은 전해내려온 지 이미 오래되었고, 또한 분명한 징후나 조짐도 있었습니다. 어느 때는 좋은 바람이 불었고, 어느 때는 좋은 비가 왔으며, 어느 때는 '형혹성이 심성을 지켰다'[41]고 하는데, 이러한 천체현상을 인간사에 맞추어보는 것이 모두 믿을 것이 못 된다는 것입니까?"

이에 실옹이 대답했다.

"입이 여럿이면 쇠도 녹이고, 헐뜯고 욕하는 비방이 쌓이면 뼈도 녹인다 했다. 물론 실상은 입이 쇠를 녹일 수 없고 비방이 뼈를 녹일 수는 없다. 그런데도 녹일 수 있다는 것은 사람이 여럿이면 하늘도 이길 수 있다는 것이다.

기교를 부리고 술법을 부리는 것이 비록 허망한 것이지만, 사람의 마음속에 깊게 사무쳐서 믿는 것이 극에 달하여 의지하게 되면

39) **28수** __ 동양에서는 하늘도 인간 세상과 같아서 중앙을 왕이 다스리고 여러 제후들이 주변을 나누어서 지배하고 있다고 여겼는데, 여기서 제후에 해당하는 별자리가 바로 28수이다.

40) **분야** 分野 __ 중국 전국시대에 천문가가 중국 천하를 하늘의 28수에 배당하여 구별한 것을 말한다. 분야설은 하늘의 특정한 영역과 땅의 특정 지역이 서로 상관관계가 있다는 생각에 토대로 두고 있다.

41) **형혹성이 심성을 지켰다** __ 형혹성(熒惑星)은 화성을 말하고, 심성(心星)은 28수의 하나로 동쪽의 다섯째 별자리를 말한다. 고대인들은 형혹성이 질병과 기근을 가져온다고 생각하였다.

혹시나 그런 일이 일어날 것 같은 예감이 일어나게 된다. 그러나 그것은 허공에서 헛그림자를 잡는 것과 같으니, 헛그림자에 현혹되어 실제를 살피지 않는다면 마음이 흐려져 홀림이 심한 것이다.

또한 '궁수자리의 별인 기성이 나타나면 바람이 불고, 황소자리의 별인 필성이 나타나면 비가 온다'는 말은 속세에 전하는 말을 끌어다가 백성의 마음을 살피려고 했을 뿐이지, 두 별이 정말 그런 것은 아니다.

화성이 가다가 때로 둥글게 방향을 바꾸어 돌기도 하는데, 그 모습이 때로는 머물러 있기도 하고 때로는 나아가거나 물러서는 것처럼 보이기도 한다. 그러나 이것은 지구에서 볼 때 그렇게 보이는 것이지 '하늘이 높아도 세상의 말을 듣는다'는 식으로 역술가들이 말하는 것은 잘못된 것이다."


## 달의 모습과 천체의 양극

실옹의 설명에 이제 허자가 좀 더 자세하게 질문했다.

"달 가운데 밝고 어두운 부분을 물과 흙이라고도 하고 혹은 지구의 그림자라고도 하는데, 이에 대한 말씀을 듣고 싶습니다."

이에 실옹이 대답했다.

"내가 사실을 말한다면 너는 나의 입만 믿을 터이니, 네가 말한 것을 전제로 하여 너의 생각을 열어주는 쪽이 더 낫겠다.

대개 '계수나무와 토끼'라고 말하는 것은 달이 동쪽으로 올라올 때 보이는 모습이다. 그런데 정말로 그것이 물과 흙이라면 달이 중천에 왔을 때는 그 형태가 가로로 비뚤어질 것이고, 달이 서쪽으로 떨어질 때는 그 형태가 거꾸로 될 것이다. 그런데 이제 달이 가는 데에 따라 변하게 되는데, 가로로도 되지 않고 거꾸로도 되지 않은 채 각각의 형태를 이루니, 세 군데 정지했을 때의 형태는 예로부터 한결같은 것이다.

또 초승달이나 그믐달일 때에는 그 절반만 보여야 마땅할 것인데, 사실은 전체의 형태를 모두 갖추고 있고 다만 쭈그러지고 좁을 뿐이다. 이에 물과 흙이라는 얘기는 옳은 듯하나 사실은 잘못되었다. 대개 달의 몸체는 거울과 같은데, 지구의 반쪽 면의 밝음에 따라 그림자가 생긴다. 동쪽으로 떠오를 때의 그림자는 지구 동쪽의 반쪽 면이고, 중천에 있을 때의 그림자는 지구 중간의 반쪽 면이고, 서쪽으로 떨어질 때의 그림자는 지구 서쪽의 반쪽 면이다. 그러니 달 가운데의 밝고 어두운 부분이란 지구의 그림자라 하는 것이 또한 옳지 않겠느냐?"[42]

이에 허자가 다시 질문했다.

"감히 여쭙건대, 하늘에 양극이 있다 함은 무엇입니까?"

실옹이 대답했다.

"땅에서 사는 사람은 지구가 돈다는 것을 모르는 까닭에 하늘에 두 극이 있다고 하는데, 사실 그것은 하늘의 극이 아니라 지구의 극이다. 무릇 물체가 돌고 움직이는 것은 비어 있거나 꽉 차 있는 것에 좌우되는데, 몸체 바깥에 또 다른 세계가 있기 때문이다.

그런데 무릇 하늘이란 그 몸체는 텅 비어 있고, 그 성질은 지극히 고요하며, 그 크기는 헤아릴 수가 없으며, 그 가득함은 틈이 없다. 그러니 하늘이 돌려고 한들 어찌 돌 수 있겠느냐?

다만 오직 여러 별세계만이 각각 돌고 움직이는 것이다. 세차론[43]은 이로 말미암아 생긴 것이다. 그러나 별들이 돌고 움직이는 데에는 각각 느리고 빠름이 있고, 남북과 동서로 옮겨짐에 따라 일정하지 않다. 다만 지구에서 거리가 너무 멀어서 시차의 각도가 아주 미세하지만 별자리가 시대에 따라서 다르게 나타난다. 그러나 옛날을 살펴보아도 증거가 될 만한 근거가 찾을 수 없기에 사람이 스스로 깨닫지 못할 뿐이다."

# 유성과 혜성은 불길한 별이 아니다

허자가 다시 질문했다.

"다시 감히 묻겠습니다. 불길한 별인 유성과 병란의 조짐을 보이는 혜성들은 어떠한 기운으로 생기는 것입니까?"

실옹이 대답했다.

"이것은 한 가지 요인으로 생겨나는 것이 아니다. 하늘에서 엉키어 이루어진 것도 있고, 각 세계의 기가 서로 마찰되어 이루어진 것도 있으며, 혼돈의 세계융계瀜界의 남은 기가 흘러서 이루어진 것도 있다.

---

42) 달이 지구의 그림자에 의해 일부 또는 전부가 가려지는 것은 보름달에 월식이 일어나는 때뿐이다. 여기서 한 설명의 오류는 달이 지구를 중심으로 공전하면서 위치가 변하기 때문에 햇빛을 반사하는 면이 달리 보이는 현상을 정확하게 모른 것에서 비롯한다. 달은 지구의 중력에 의해 공전과 자전을 같은 주기로 한다. 이 때문에 지구에서 보이는 달은 언제나 동일한 면이다. 아폴로 우주선들이 달의 뒷면을 촬영한 자료에 의하면 달의 뒷면에는 분화구들이 앞면보다 훨씬 더 많다.

43) **세차론** 歲差論 　태양년과 항성년 사이의 세차를 말한다. 동짓날 해의 위치를 관측한 결과, 황도 상의 해의 위치가 매년 점점 뒤로 후진하는 것을 발견, 동짓날의 해는 매년 똑같은 위치에 나타나지 않음을 이른다. 다시 말하면 동지에서 다음 동지까지의 시간인 태양년(또는 회귀년)은 태양이 황도 상에서 고정된 항성들을 기준으로 똑같은 위치로 돌아올 때까지의 시간인 항성년보다 약간 짧다는 것이다.

다만 생각하건대, 사람과 지구의 기가 지극히 조화로울 때 보이는 별을 상서로운 별의 종류로 보고, 사람과 지구의 기가 그 떳떳함을 잃었을 때 보이는 별을 혜성과 꼬리 없는 혜성인 패성孛星과 같은 종류로 본 것이다."44)

허자가 질문했다.

"금성이 대낮에 보인다는 것은 번쩍거리는 기운이 왕성하기 때문입니다. 그렇다면 여러 별들의 기氣도 때로는 쇠퇴하기도 하고 때로는 왕성하기도 합니까?"

실옹이 대답했다.

"금성이 태양을 둘러싸는데, 그 둘레의 반은 태양의 바깥에 있고, 나머지 반은 태양 쪽에 있다. 바깥에 있는 것은 지구에서 멀고, 안에 있는 것은 지구에서 가깝다. 또 금성은 광채가 없어 햇빛을 받아 밝게 보이게 되는데, 그믐과 보름이 생기는 것은 달과 같다. 지구에 가까워져서 밝은 빛이 아래에 가득 차 보이는 것은 빛이 지구보다 왕성하여 해가 능히 가릴 수 없기 때문이지, 금성 자체의 쇠하거나 왕성하여서 그런 것은 아니다."45)

# 일식과 월식에 음양의 조화란 없다

허자가 질문했다.

"일식이란 음이 양에 맞서는 것이요, 월식이란 양이 음에 맞서는 것이라고 합니다. 지극히 잘 다스려지는 세상에서는 일식 때가 되어도 일식이 일어나지 않고, 월식 때가 되어도 월식이 일어나지 않는다고 하는데, 과연 그런 이치가 있습니까?"

실옹이 대답했다.

"음양학설에 얽매어 이치가 흐려져 천지자연의 도리를 살피지 못한 것은 선대 유학자들의 허물이다. 무릇 달이 해를 가리면 일식

---

44) 유성은 우주에 떠도는 작은 암석덩이들이 지구의 인력에 끌려들면서 대기권에서 연소되는 현상이다. 그중에는 덩치가 큰 것도 있어서 지상에 도달하기도 하는데, 이것이 바로 운석이다. 혜성은 일정한 주기로 태양을 도는 일종의 행성이다. 공전궤도는 심한 타원형이 대부분이다. 핼리혜성과 같이 주기를 알고 있는 것도 있지만 그렇지 않은 것이 더 많아서 언제 등장할지 예측할 수 없기에 신비감을 더해준다. 주로 얼음덩어리와 먼지들로 구성되어 있기 때문에 태양에 가까이 접근할수록 얼음의 증발이 심해지고 고체입자들도 가스압에 의해 방출되면서 주위에 '코마'라 불리는 대기를 형성하면서 밝은 꼬리를 드러낸다.

45) 금성은 태양 주위를 지구보다 가까이서 돌기 때문에 태양에 가까이 있다. 그래서 대부분의 낮 시간에 황도를 따라 태양 곁에 있지만 태양빛이 밝아서 보이지 않을 뿐이다. 해가 뜨기 전 동쪽 하늘이나 해가 진 후 서쪽 하늘에서 보이다가 얼마 후 밝은 햇빛에 의해 보이지 않거나 서쪽 하늘로 지고 만다.

이 되고, 지구가 달을 가리면 월식이 된다. 경도와 위도가 같고 해·달·지구, 즉 삼계三界가 일직선에 놓이면 서로 가려져서 일식과 월식이 생기게 되는 것이니, 별의 움직임에 있어서는 당연한 법칙이다. 또 해는 지구에게 먹히고, 지구는 달에게 먹히며, 달은 지구에게 먹히고, 해는 달에게 먹히는 것은 삼계의 당연한 법칙이다. 세상이 잘 다스려지는 것과 못 다스려지는 것과는 아무런 관계가 없는 것이다.

그러나 비록 그렇다고 해도 해가 지고 밤이 되는 것은 역시 태양의 변고라고 볼 수 있으니, 낮에 행하여야 하는 도리를 밤에 행하게 된다면 세상이 어지러울 수밖에 없다. 일식에 일어나는 변고도 이와 같으므로 재앙이나 사고에 처해서 몸을 수양하고 반성하는 것은 사람이 해야 할 당연한 일인 것이다."

# 헛된 것과 허망한 말은 세상을 흩트린다

– 우주의 현상을 음양오행으로 보는 허자를 꾸짖으며 가르친 이유

　대부분의 사람들이 자연과학에 대해 무심할 때 홍대용은 지구와 천체에 대해 어떻게 관심을 가지게 된 것일까? 그리고 지구와 천체의 실체에 어떻게 접근할 수 있었으며 자연과학이라는 창을 통해 세상을 바라보았던 이유는 무엇이었을까? 이러한 의문을 풀기 위해서는 먼저 그의 성장과 일생을 살펴보는 것이 유익할 것이다.

　홍대용은 열두 살 때부터 10년 동안 석실서원에서 공부를 했고, 그곳을 떠난 뒤로는 자연과학에 뜻을 두고 연구에 힘을 쏟았다. 석실서원에서 스승이었던 김원행은 사람과 만물의 본성은 같다는 낙론의 입장에 있었다. 그런 스승의 영향으로 홍대용은 기존의 성리학과는 다른 자연관을 갖게 되었다. 한편으로 그의 가문에는 관상감에서 벼슬

한 사람이 많았기 때문에 천문, 지리학, 기상관측 등 자연과학과 친숙할 수 있는 환경에 있었다. 이는 홍대용이 기존 사회의 틀을 벗어나 자연과학적인 시각에서 세상을 바라보는 계기가 되었다.

특히 홍대용은 스물아홉 살이 되어 당시 나주 목사였던 아버지를 찾아가 호남의 여러 곳을 여행하였는데, 그곳에서 일흔 살의 나경적을 만났던 점이 주목된다. 나경적과의 만남은 그에게는 아주 특별한 것이었다. 직접적으로 천문학을 연구하는 계기를 만들었으니 말이다. 홍대용은 그의 높은 인격과 해박한 과학기술에 감동하였고, 나경적을 만난 이후 함께 혼천의와 자명종의 제작에 힘쓰며 천체를 직접 관측하기도 했다. 후에는 농수각을 지어 천문과 수학 등 다양한 과학지식을 체험하며 체계화시켰다. 이처럼 나경적과의 인연은 홍대용이 자연관이나 우주관을 발전시키는 중요한 전환점이 되었던 것이다.

다음으로 서른다섯 살 되던 해에 북경에 가게 되는데, 60여 일간의 북경에서의 경험은 그에게 자연과학사상에 대한 확고한 신념을 갖게 한 것으로 보인다. 당시 그는 작은아버지인 홍억이 서장관이 되어 중국 북경으로 갈 때 자제군관이 되어 중국 여행길에 올랐다. 당시 홍대용은 35세의 나이였지만 북경에 간다는 사실 하나만 가지고도 마음이 매우 부풀었다는 것을 알 수 있다. 사신을 따라 중국을 간다는 사실이 비록 과거는 포기했지만 그에 비길 만큼 즐거운 일이라고 생각했으니 말이다. 당시 중국은 서양과의 활발한 교류를 통해서 다양한 문물이 들어와 있었기에, 그의 최대 관심분야였던 자연과학 지식을 충분히 접할 수 있는 나라였다. 이에 홍대용은 여행길에 오르기 전에 미리 중국어를 배우고 한편으로 중국의 지리와 교통에 대해 알아보는 등 철저한 준비를 했다.

북경에 도착한 그는 제일 먼저 천주당을 방문했다. 당시 신부들이 중국 관상대의 수장인 흠천감을 겸하고 있었는데, 이 사실은 그가 왜 가장 먼저 천주당을 방문했는지 짐작하게 한다. 이후 홍대용은 몇 번이나 이곳을 방문하여 망원경으로 해를 관찰하고 태양의 흑점에 대해서도 물어보며 그동안 궁금해 하던 수많은 의문을 풀고 다양한 지식을 체득하였다. 그뿐만이 아니라 청의 선비인 반정균, 엄성, 육비와 사귀면서 관심 있는 일에 대해 의견을 주고받았다.

사실 홍대용의 우주관과 자연에 대한 과학적 지식은 북경에 가기 전에 이미 상당한 수준이었다. 북경에서의 경험은 그에게 그동안 공부하며 축적했던 다양한 과학지식과 사고를 검증하고 실제로 체험하면서 여러 가지 새로운 사실을 접하는 기회였다. 그리고 그는 이렇게 축적한 다양한 과학지식을 조선사회를 위해 유용하게 사용하려고 했고, 이것은 실학자로서 당연한 일이다.

하지만 18세기 말의 조선사회는 성리학을 근거로 하는 양반 관료사회였다. 그가 우주와 자연과학에 대한 지식을 내놓고 주장하기에는 벽이 너무 높았다. 당시에는 유교 경전에 대해 해석하는 것조차 주자와 다르면 '사문난적'이라 하여 목숨까지 내놓아야 하는 시대였다. 성리학의 교리 자체에 대한 반대는 현실적으로 거의 불가능한 형편이었다. 그러한 상황에서 홍대용은 ≪의산문답≫을 썼다. 비현실적인 성리학으로 무장한 허자와 성리학에 반대하며 현실적이면서 실용적인 학문으로 무장한 실옹을 내세워 당시 기득권층과 양반들의 사상이 얼마나 헛되고 사실에 맞지 않는지를 비유적으로 설명했다.

그는 ≪의산문답≫을 통해 땅이 평평하다는 개념을 뒤집고, 땅이 정지해 있다는 생각도 뒤집었다. 지구가 우주의 중심이라는 주장도 터무니없는 말이라고 일축해버렸다. 또한 천체 현상을 음양오행에 의존해 터무니없이 해석하는 것에 대해서도 비판하였다.

또한 그는 천체의 별자리와 중국 영토의 일부를 연결시킨, 중국 중심의 천체설인 분야설에 대해서 그 원리가 잘못되었음을 지적하였다. 이는 당시 새로운 선진과학에 의해 세상이 바뀌어가고 있는데도 오직 중국에 대한 사대의 예에 빠져 옛 사상만을 고집하는 기득권층의 각성을 촉구하는 것이기도 했다. 당시 청나라는 중국 한족과 조선이 야만시하면서 오랑캐라 일컬었던 여진, 즉 만주족이 세운 나라가 아니었던가? 그런 민족이 세력을 키워 중국을 차지하고, 조선의 국토를 유린하고 사대의 예를 강요했다. 그런 수치를 극복하기 위해서는 다양한 선진문물과 사상을 수용하여 부국강병을 이루어야 하는데, 정치권의 실상은 현실성 없는 복수심만을 불태우며 과거 명나라에 대한 정통성만을 주장하고 있었다.

이미 앞서 얘기한 바와 같이 조선사회는 왜란과 호란 이후 백성들의 의식은 물론 삶도 많이 변해 있었다. 더욱이 사회적으로는 부농이 생기고 상업이 활발해지면서 빈부의 격차가 심해지는 등 매우 혼란스러울 때였다. 기존의 정치형태나 사회구조로는 발전에 한계가 있었던 시기였다. 따라서 사회적 안정과 발전을 위해서는 당시 기득권 세력이 올바른 세계관과 가치관을 가지고 당시 상황에 대처하는 현실감각이 매우 중요했다.

자연과학을 연구하며 중국까지 여행하고 온 홍대용의 입장에서 보면 무엇이 변화되어야 하는지 더욱 분명했을 것이다. 서양과의 다양한 교류를 통해 부국강병을 이루는 중국의 상황을 보며 조선을 비교해 보았을 때 참으로 많은 차이를 느꼈을 것이다. 그런데 조선의 정치상황은 민생을 위한 현실 개혁과는 거리가 멀었다. 기득권층들은 여전히 이권에 관심을 집중하고 있었고, 백성들의 삶은 계속해서 피폐해져 가고 있었다. 이를 보는 홍대용의 심정은 어떠했을까?

홍대용은 외치고 싶었을 것이다. 분명 지구가 우주의 중심이 아니듯 세상의 중심이 중국이 아니며, 더욱이 인간 세계의 중심은 특정한 일부 사람에게 선택되는 것은 아니라고! 천체의 현상은 지극히 자연스런 법칙에 의해 순리를 따르는데, 허망하게 사람을 현혹시키는 공허한 말로써 더 이상 선량한 일반 백성들을 기만하지 말라고!

# 05 대자연의 법칙 속에
## 사람이 살아간다

## 바람, 구름, 눈 등의 자연현상

허자가 다시 질문했다.

"바람과 구름, 비와 눈, 서리와 우박, 천둥과 벼락, 무지개의 무리 등 모든 천지자연의 변화에 대해 자세히 들을 수 있겠습니까?"

실옹이 대답했다.

"텅 비어 있는 것이 하늘이다. 그러므로 우물과 구덩이의 빈 공간이나 병과 항아리의 빈 공간 또한 하늘이다. 무릇 바람이나 구름 따위는 모두 텅 비어 있는 것에서 나왔으므로 도道라고 이른다. 그러나 실제로는 땅의 기가 증발하여 생긴 것이지, 하늘에만 있는 것은 아니다.

시험 삼아 이야기하겠다. 바람이란 지구의 한 모퉁이에서 일어난다. 지구가 회전하자니 높은 산이 흔들리지 않을 수 없으며, 깊은 골짜기가 심하게 움직이지 않을 수 없다. 그런 까닭에 허한 기가 나부끼고 일렁거려 사방으로 나와서 바람이 되는 것이다. 허한 기의 격한 움직임이 빠르면 바람이 사납고, 움직임이 느리면 바람이 조용하다. 허한 기의 격한 움직임이 가까우면 그 세력이 크고, 움직임이 멀면 그 세력이 미약하다. 일단 격하게 움직여 서로 부딪치면 동서남북 할 것 없이 제멋대로 몰아친다. 또한 이무기와 용이 날치고 천둥 번개 치는 세찬 비가 쏟아지는 것을 선동하고 호령하는 것이 모두 지면에서 나온다. 땅에서 수백 리만 높이 떨어져도 바람이 없다."

실옹이 계속해서 설명했다.

"구름이란 산천의 기가 올라가 한데 엉기어 형체를 이룬 것으로, 그 빛깔이 본래는 맑은데 햇빛을 받아서 여러 빛깔을 띤다. 한낮에 흰 빛이 많은 까닭은 햇빛을 바로 받기 때문이요, 검은 것은 구름이 두껍게 쌓여 그늘졌기 때문이며, 아침저녁으로 붉은 빛깔이 많은 것은 땅의 기운이 햇빛에 부딪치기 때문이다.

비는 떡 찌는 시루 속에 이슬이 맺히는 것처럼 물과 흙의 증기가 공중으로 증발하여 오르다가 빽빽한 구름에 막혀 새어나가지 못하면 엉겨서 비가 된다. 그러나 증기가 올라가더라도 구름이 빽빽하지 않으면 비가 되지 못하고, 구름이 빽빽해도 증기가 올라가지 않으면 역시 비가 되지 않는다.

눈은 차가운 증기가 엉긴 것이요, 서리는 따뜻한 증기와 차가운 증기가 섞인 것이며, 우박은 따뜻한 증기와 차가운 증기가 서로 부딪쳤을 때 급작스럽게 내리던 비가 언 것이다. 모두 증기로 이루어진 비의 종류다."

이어 실옹이 천둥에 대해 설명했다.

"천둥이란 압축된 증기가 서로 부딪쳐 불이 나는 것이고, 그때 일어나는 빛이 번개이고 울리는 소리가 천둥이다. 불이 닿으면 물체는 반드시 타 없어진다. 번개가 먼저 번쩍이고 천둥소리가 뒤에 나는 것은 먼 곳에서 부딪쳤기 때문이고, 번개와 천둥이 한꺼번에 일어나는 것은 가까운 곳에서 부딪쳤기 때문이다. 땅에서 먼 곳에서 일어나는 것은 공중으로 흩어지고, 땅에서 가까운 곳에서 일어나는 것은 물체에 닿게 된다. 천둥 없이 번개만 치는 것은 100리 이상 먼 탓이고, 번개 없이 천둥만 치는 것은 구름에 싸여 막혔기 때문이다.

쇠 낫으로 돌을 두드리면 불꽃이 땅에 퍼지는데, 젖은 데는 피하고 반드시 마른 곳으로 나아가는 것은 대개 불이 젖은 것을 두려워해 피해가고 마른 것을 좋아하기 때문이다. 더욱이 천둥은 그 성질이 굳세고 기운이 맹렬하여 바르고 곧음은 피하고 반드시 비뚤고 요망한 데로 나아간다. 이것은 대개 천둥이 바르고 곧은 것은 두려워하고, 비뚤고 요망한 것을 좋아하기 때문이다.

대개 사람의 신비스러운 느낌이란 곧 우리 몸에 있는 불의 정기이고, 천둥은 천지의 바른 불의 정기[正火]이다. 따라서 굳세고 맹렬함이 만물을 생장시키기를 좋아하고, 악한 것을 미워하여 삽시간에 모진 벼락을 때릴 때에는 그 신비스러움이 신과 같다. 무릇 사람이나 만물이 벼락을 맞을 때에도 기적이 나타나고 기묘한 일이 일어나는 것은 천둥과 번개를 일으키는 뇌신[벼락의 신]에게도 정이 있기 때문이다. 올바른 불의 정기와 신비스러운 느낌이 실로 사람의 마음과 같다."


이어 실옹이 무지개에 대해 설명했다.

"무지개는 물의 기운으로 아침에는 동쪽, 저녁에는 서쪽에서 햇빛을 받아 이루어진다. 해가 비스듬히 비치면 반드시 반원의 무지개를 이루며, 해가 정오가 되어 무지개가 없어지는 것은 물의 기운이 두텁지 않기 때문이다. 햇무리와 달무리도 무지개의 한 종류인데 허공에 생기는 까닭에 반드시 원 모양을 이룬다. 무지개와 햇무리가 원을 이루는 것은 해와 달이 둥글기 때문이다."[46]


## 대기의 신비한 현상

허자가 질문했다.

"사람이 땅 위에 있으면서도 하늘을 반도 보지 못합니다. 그러나 태양이 이미 동쪽으로 올라왔는데 서쪽에서는 달이지는 것(月食)을 봅니다. 또 태양과 달이 지면 가까이에 있을 때에는 사람과의 거리가 멀지만 그 크기가 오히려 크게 보이고, 태양이나 달이 중천에 있을 때에는 사람과의 거리가 가까운데도 도리어 작아 보입니다. 어째서 그러합니까?"

실옹이 대답했다.

"그것은 기 때문이다. 기가 그렇게 만드는 것이다. 시험 삼아 동전을 대야에 넣고 뒤로 물러서서 보면 매우 작게 보인다. 그러나 거기에 깨끗한 물을 부어 다시 보면 동전 전체가 드러나게 되니, 이것은 물의 힘이다. 눈에 유리나 수정을 대고 보면 미세한 털도 손가락만큼 크게 보이니, 이것은 유리나 수정의 힘이다. 지금 물과 흙의 기가 증발하여 지면을 싸고 있어 밖으로는 태양과 달과 지구의 빛을 약하게 하고, 안으로는 사람의 눈을 어둡게 한다. 즉, 물처럼 비치고 유리나 수정처럼 어른거려 낮은 것은 높게 만들고 작은 것은 크게 만든다.

서양 사람은 이렇게 빛이 굴절되는 현상에 대해 견해를 밝히고 있는데, 지구를 둘러싸고 있는 대기를 청몽淸蒙이라고 하였다. 올려다볼 때 작게 보이는 것은 청몽이 얇기 때문이고, 비스듬히 볼 때 크게 보이는 것은 청몽이 두텁기 때문이라고 한다."

실옹이 계속해서 설명했다.

"무릇 천둥소리가 크다고 해도 백 리를 넘지 않고 총탄이 사납다 해도 천 걸음에도 미치지 못하는데, 이것은 멀고 가까운 형세 때문이다. 그렇다. 멀고 가까움 때문에 그렇게 되는 것은 반드시 그 까

---

46) 지구에서 일어나는 날씨 변화는 모두 태양열과 중력에 의해 일어난다. 대지, 호수, 강, 바다가 햇볕에 의해 따뜻해지면 수분이 증발하여 상승한다. 상승한 수분은 높은 하늘의 찬 공기를 만나면 물방울로 응집되는데 이것이 구름이다. 물방울이 점점 커져서 중력의 힘을 많이 받아 공기 저항보다 무거우면 아래로 내려와서 비나 눈이 된다. 천둥과 번개는 공중에 떠 있는 음이온과 양이온의 결합에 의해 발생하는데 주로 찬 공기와 더운 공기가 갑자기 만나는 곳에서 발생한다. 무지개는 해가 떠 있는 반대쪽에 생긴다. 그러므로 아침에는 서쪽, 저녁에는 동쪽에 생길 수 있다. 또 무지개가 햇빛이 물방울 들에 굴절되어 생긴다는 것은 오늘날 대부분의 사람들이 알고 있다.

닭이 있다. 대개 공기는 기로 가득 차 있어 뚫고 나아가는 데에도 한계가 있기에, 소리가 울리고 탄환이 날아가는 것도 힘이 다하면 멈추는 것이다. 사람이 보는 힘 또한 이와 같아서 저 해와 달의 직경은 끝내 헤아릴 수 없다.

달의 형체가 처음 초승달일 때 훤한 둘레가 언저리 밖으로 생기는 것은 광채가 무리를 이룬 때문이지 달의 본체는 아니다. 반달이나 보름달의 직경과 둘레도 정확히 알 수 없거늘, 하물며 태양은 순전히 불꽃으로 되어 있고 광채의 무리가 곱절이나 크다. 태양의 참된 모습의 깊고 얕음은 끝끝내 헤아릴 수 없는 것이다.

또한 둥근 형체를 헤아려 바라볼 때, 가까이서 보면 작게 보이고 멀리서 보면 크게 보인다. 포탄처럼 작은 것도 본 형체를 분별할 수 없거늘 하물며 태양과 달의 형체를 어찌 헤아릴 수 있겠는가.”[47]


## 기후의 차이

허자가 질문했다.

“지구의 형체가 둥글다는 것과 중국 전토를 하늘의 28수에 배당하여 구별한 분야설의 허망함은 이미 가르침을 받아 알았습니다. 감히 여쭙건대, 하루 동안에 아침과 낮의 기후가 다르고, 한 해 중에 겨울과 여름의 기후가 다르며, 하나의 땅에서도 남쪽과 북쪽의 기후가 다른 것은 무엇 때문입니까?"

실옹이 대답했다.

"지구의 본래 기운은 차가움인데, 따뜻해지는 것은 태양의 빛을 받기 때문이다. 이것을 중국에 놓고 말해보자.

북경에서는 하짓날에 해가 하늘 한복판인 천정점에서 16도 못 미치기 때문에 햇빛은 다소 비껴 비춘다. 따라서 따뜻한 기후도 조금 덜하게 된다. 이로부터 북쪽으로 가 북극에 이르면 여름 기후는 우리가 지내는 겨울 기후와 같으며, 그곳에 진짜 겨울이 되면 땅은 얼어 터지고 얼음만 있을 뿐 물은 없다.

이에 비해 중국의 남해南海, 남중국해에서는 하짓날에 해가 바로 머리 위의 한복판에 오기 때문에, 여름에는 햇볕이 곧바로 내리쬐어 뜨거운 불꽃이 타는 듯하고 옛날부터 얼음이 없다. 여기서부터 적도 까지는 남쪽으로 20여 도에 이르는데, 한 해 가운데 따뜻한 기후가

47) 태양과 달이 지면에 가까이 있을 때는 크게 보이고 하늘 높은 곳에 있을 때는 작게 보이는 것은 보는 각도의 차이 때문일 뿐, 태양과 달의 실제 크기는 일정하다. 지구가 지속적으로 자전하기 때문에 크기가 같은 태양을 지역에 따라 떠오르는 태양, 중천에 떠 있는 태양, 지는 태양으로 각각 다르게 본다는 것이다. 관측자의 위치에 따라 해와 달의 모습이 다르게 보일 뿐 실제로는 크기의 변화가 있을 수 없다.

서로 조금씩 차이가 있다. 다만 적도를 중심으로 하여 남쪽과 북쪽은 겨울과 여름의 기후가 뒤바뀐다.

적도에서 수십 도 남쪽으로 내려가면 동지에 여름이 되고 하지에 겨울이 되는데, 그 기후의 차고 더움은 대개 중국과 비슷하다. 여기서부터 더욱 남쪽 끝으로 내려가 남극이 가까워지면 여름 기후가 우리가 지내는 겨울과 같으며, 겨울철에는 땅이 얼어 터져서 얼음만 있고 물이 없어 북극의 기후와 같다.

남극에서 남쪽으로 북극에서 북쪽으로 가면, 기후는 차츰 더워지고 차츰 추워지고, 다시 극도로 덥고 극도로 추운 것은 모두 같다. 이 지구는 오직 남과 북이 그 기후가 바뀌었을 뿐이다."


실옹이 설명을 계속했다.

"태양은 지구를 중심으로 도는 궤도인 황도[48]로 적도에 드나드는데, 안과 밖이 각각 23도로 기울어져 있다. 지구에서 적도에 가까운 지역은 햇빛이 곧바로 내리쬐어 그 기후가 극도로 덥고, 적도에서 조금 먼 지역은 햇빛이 비스듬히 비추므로 그 기후가 약간 따뜻하다. 적도에서 멀리 떨어진 곳은 햇빛이 가로로 비추기에 그 기후가 몹시 차다.

그러므로 지구가 따뜻한 것은 햇빛을 받기 때문이며, 그 따뜻함에 약간 따뜻함과 매우 더움이 있는 것은 햇빛이 비스듬히 비추는지

곧바로 비추는지에 달려 있다. 이것을 자세히 안다면 아침과 낮의 기후가 왜 다른지 그 이유가 분명해지며, 아침과 낮의 기후가 다른 이유가 분명하다면 겨울과 여름 기후가 왜 다른지 그 이유 또한 분명해질 것이다. 또한 겨울과 여름 기후의 다른 이유가 이미 분명하다면, 남과 북의 기후가 왜 다른지 그 이유도 분명해질 것이다."

## 태양빛과 음양의 조화

허자가 질문했다.

"동짓날이 되면 그 다음날부터는 밤이 짧아지고 낮이 길어지기에 하나의 양陽이 생기고, 하짓날이 되면 그 다음날부터는 밤이 길어지고 낮이 짧아지기에 하나의 음陰이 생기게 됩니다. 음과 양이 서로 바뀜에 따라 봄이 오고 여름이 오며, 천지가 닫힘에 따라 가을이 오고 겨울이 옵니다. 남쪽이 양으로 되고 북쪽이 음으로 됨은 땅의 형세에 따라 정해진 국면이며, 여름이 따뜻하고 겨울이 추운 것은 음과 양이 바뀌고 닫히기 때문입니다.

---

48) **황도 黃道** ＿＿ 눈으로 보이는 '태양이 지구를 도는 궤도'를 말한다. 그러나 정확히 말하면 이것은 태양의 둘레를 도는 지구의 궤도가 천구(天球)에 투영된 궤도이다.

그런데 지금 선생께서는 음과 양으로 정해진 국면을 버리는 것은 물론이고 바뀌고 닫히는 참다운 기틀을 버리고, 태양의 멀고 가까움이나 햇빛이 비스듬히 비치고 바로 비치는 것으로 이 모두를 설명하시니 그것이 옳은 것입니까?"

실옹이 대답했다.

"그렇다, 옳은 말이다. 양의 종류가 여러 가지라 해도 양이라는 것은 모두 불에 근본을 두었고, 음의 종류가 여러 가지지라 해도 음이라는 것은 모두 땅에 근본을 두었다. 옛사람들이 여기에서 깨달음을 얻어 음양의 학설을 만들게 되었다. 따라서 만물이 봄과 여름에 형태를 바꾸며 성장하는 것을 음양이 바뀌었다고 하고, 가을과 겨울에 거두어 저장하는 것을 천지가 닫혔다고 했으니, 옛사람들이 이 말을 세운 것도 각각 까닭이 있다.

그러나 그 근본을 미루어본다면 실상 태양빛의 많고 적음에 의한 것이지, 후세 사람들의 말대로 천지 사이에 별도로 음양의 두 기가 있어서 때에 따라 나타나기도 하고 숨기도 하면서 조화를 부리는 것은 아니다."

이에 허자가 질문했다.

"지구의 생물이 모두 태양빛에 달려 있다면, 가령 해가 하루아침에 녹아 없어진다면 마침내 이 지구의 세계에는 물체가 하나도 없게 되는 것입니까?"

실옹이 대답했다.

"얼음과 흙이 서로 얼어붙어 만물이 생겨나지 못하고 성장하지도 못하게 된다면 어두움과 추위 속에서 죽음의 세계가 될 것이다. 따라서 하늘에서 태양빛이 비추지 않는다면 죽음의 세계가 되는 것이 어찌 수많은 생명에 그치겠는가!"

## 지구 생태의 근원

허자가 다시 질문했다.

"하늘이란 물·불·나무·쇠·흙, 즉 오행의 기운이요, 땅이란 오행의 성질입니다. 하늘이 그 기운을 갖고 땅이 그 성질을 갖기 때문에 만물이 만들어지고 성장하는 조건이 저절로 갖추어지는 것인데, 어찌 태양에만 달려 있다고 하겠습니까?"

실옹이 대답했다.

"중국 우虞나라와 하夏나라 때에는 물과 불과 쇠와 나무와 흙과 곡식 등 육부六府를 말했고, 주역49)에서는 하늘과 땅 그리고 불·물·천둥·바람·산·연못 등 팔상八象을 말했다. 천하의 커다란 법도인 홍범50)에서는 물과 불과 쇠와 나무와 흙 등 오행을 말했고, 부처는 땅과 물과 불과 바람 등 사대四大를 말하였다.

이처럼 옛사람들이 때에 따라서 말을 만들어 만물의 이름을 지었는데, 이것은 여기에 한 가지도 보태거나 뺄 수 없다는 것이 아니라 천지 만물이 이런 수에 적합하게 되어 있다는 것뿐이다. 그러므로 오행의 수가 원래 이치에 딱 맞는다고 할 수는 없다.

그런데 술법을 쓰는 사람들이 오행을 근본으로 삼아 하도51)와 낙서52)로써 억지로 맞추고, 주역의 상수象數를 파고 들어가 오행이 조화롭다느니 맞선다느니, 점괘가 보인다느니 안 보인다느니 하는 지루한 수작으로 여러 술수를 장황하게 이야기한다. 하지만 끝내 그런 이치는 없는 것이다.

무릇 오행에 있어서 불은 태양이요, 물과 흙은 땅이다. 나무와 쇠 따위는 해와 땅의 기운으로 말미암아 만들어지는 것이다. 따라서 오행에 있어서 당연히 나무와 쇠를 불과 물과 흙의 세 가지와 더불어 같게 볼 수는 없는 것이다.

또한 하늘이란 맑고 허한 기가 끝없이 가득한 것인데, 자그마한 지구의 움직임을 가지고 이 지극히 맑고 허한 하늘과 어찌 비교하여 논할 수 있겠느냐?

그러므로 하늘은 기뿐이요, 태양은 불뿐이며, 땅은 물과 흙일뿐임을 알아야 한다. 만물이란 기의 찌꺼기이고, 불의 겉모양이며, 땅의 군더더기인 것이다. 이 세 가지 중에 하나만 없어도 조화가 이뤄지지 않는다는 것을 어찌 의심하겠느냐?"

허자가 질문했다.

"사람이나 물체가 생길 때에 태[53]나 알이나 뿌리나 씨로 각기 근본을 달리하여 탄생하는데, 어찌 태양의 불기운을 필요로 하는 것입니까?"

---

49) **주역** 周易 ── 시경, 서경과 함께 중국 유교의 3대 경전으로 삼경(三經)에 꼽히는 책이다. 음양의 원리로 천지 만물이 변화하는 현상을 설명하고 해석했다.

50) **홍범** 洪範 ── 천하의 큰 법이라는 뜻으로, 중국 유교의 3대 경전 중 하나인 《서경》의 1편이다. 우임금이 정한 정치 도덕의 아홉 원칙인 홍범구주를 비롯한 유가의 정치철학을 내용으로 한다. 오행은 그 가운데 하나다.

51) **하도** 河圖 ── 중국 신화시대 제왕 복희씨 때에 황하에서 나온 용마의 등에 적혀 있던 그림으로, 주역 팔괘의 근원이 된다.

52) **낙서** 洛書 ── 하나라의 우임금이 홍수를 다스릴 때 낙수에서 나온 거북의 등에 적혀 있던 글로, 천하를 다스리는 큰 법인 홍범구주의 기원이 된다.

53) **태** 胎 ── 모체(母體) 안에서 새 생명체를 싸고 있는 난막·태반·탯줄을 통틀어 이르는 말이다.

실옹이 대답했다.

"사람과 만물이 살아 움직이는 것은 태양빛에 근본 한 것이다. 가령 하루아침에 태양이 없어진다면 온 세계는 얼어붙고 온갖 물체는 녹아 없어질 텐데, 태, 알, 뿌리, 씨가 어디에 근본 하겠느냐? 그런 까닭에 '땅은 만물의 어미이고, 해는 만물의 아비이며, 하늘은 만물의 할아버지다'라고 일렀던 것이다."


## 지구의 기울기와 낮과 밤

허자가 질문했다.

"옛사람이 말하기를 '하늘은 서쪽과 북쪽이 가득 차지 않았고, 땅은 동쪽과 서쪽이 가득 차지 않았다'고 하였는데, 하늘과 땅에 과연 가득 차지 않은 곳이 있습니까?"


실옹이 대답했다.

"그것은 중국의 속된 이야기이다. 북극이 낮게 도는 것을 보고 하늘이 가득 차지 않은 줄로 의심하고, 강과 하천이 동쪽으로 흐르는 것을 보고 땅이 가득 차지 않은 줄로 의심한 것이다. 땅의 형세가 우연히 그렇게 된 것에 얽매여 땅 전체를 살피지 않고 다르게 본 것이니, 이 또한 어리석은 것이 아니냐?"

허자가 질문했다.

"지구의 표면에서는 저쪽과 이쪽 모두 밤과 낮의 길이가 같고 차이가 없는 것입니까?"

실옹이 대답했다.

"어찌 그러하겠느냐? 예를 들어, 여기가 정오라면 여기서 동쪽으로 90도인 곳은 석양이 지는 때일 것이고, 거기서 또 90도 지나가면 어두운 밤일 것이다. 또한 여기서 서쪽으로 90도인 곳은 해가 뜨는 아침일 것이고, 거기서 또 90도가 지나면 어스름한 새벽일 것이다. 동쪽과 서쪽 각각 180도가 되는 곳은 여기와 반대로 자정일 것이다.

적도의 남쪽과 북쪽 각각 20도 남짓한 곳은 1년 중 밤낮의 길이는 거의 일정하여서 불과 몇 분밖에 차이가 나지 않으며, 여기에서 더 지나가면 밤낮의 차이는 점점 커지는 것이다. 가장 차이가 긴 데는 11시간이 넘고, 가장 짧은 데는 1시간에 지나지 않는다.

북극과 남극에 이르러 적도가 지평선처럼 되면, 해가 적도 위의 북반구에 있을 때에는 북극은 반년 동안 낮이 계속되고 남극은 반년 동안 밤이 되며, 해가 적도 아래의 남반구에 있을 때에는 북극은 반년 동안 밤이 계속되고 남극은 반년 동안 낮이 계속되는 것이다."

## 바다

허자가 질문했다.

"무릇 바다도 물체인데, 바다는 가뭄에도 마르지 않고, 장마에도 넘치지 않으며, 추위도 얼지 않고, 여러 냇물이 흘러들어도 그 짠 맛이 변하지 않습니다. 때에 따라 밀물과 썰물이 있지만 그 주기가 변치 않는데, 그 이치를 듣고 싶습니다."

실옹이 대답했다.

"달은 물의 정기이다. 물이 달을 만나면 달의 끌어당기는 힘<sup>인력</sup>에 의해 물결이 솟아오른다. 달에는 일정한 길이 있고 바다의 밀물과 썰물은 일정한 시간이 있기에, 물결이 나부끼고 흔들리어 스스로 밀려 나아가고 물러서게 된다. 따라서 본 물결에서 가까운 곳에서는 밀물과 썰물의 차가 심하고, 본 물결에서 먼 곳에서는 밀물과 썰물이 모두 미약하다. 그리고 본 물결에서 더욱 먼 곳에서는 물결 형세가 미치지 못하므로 밀물과 썰물이 이뤄지지 않는다.

그리고 바닷물은 아무리 많이 모여 있어도 새지 않는다. 적도 가까이 있는 바다는 태양열이 찌는 듯 끓는 듯하여 점점 짜지는데 그 맛이 소금 같고, 솟구치는 물결은 세찬 여울물과 같으며, 육지 또한 태양에 가까우므로 겨울에도 얼음이 얼지 않는다.

또한 남극과 북극은 땅의 기후가 극도로 차갑고 태양열도 매우 약하며, 밀물이 미치지 않는 곳에는 얼음 바다도 있다. 또한 바다는 모인 물이 크고 넓어 가히 헤아릴 수 없을 정도이기에, 강물이 모여들고 끊임없이 장맛비가 와도 넓디넓은 바다의 물결에는 한 잔의 물과 같아 아무런 보탬이나 손실도 없다."

실옹이 계속해서 설명했다.

"또 강과 하천의 근원은 샘물이고, 샘물의 근원은 바다이다. 물은 땅의 맥에 따라 부딪치기도 하고 흡수되기도 하면서, 옆으로도 흐르고 거꾸로도 흘러서 이르지 않는 곳이 없다. 땅의 기운이 스며들어 짠물을 민물로 만들며, 넘쳐서 우물과 샘이 되고, 모여서 강과 하천을 이룬다. 이와 같이 서로 넘나들면서 이루어지는 것이 모두 바닷물이다.

또한 사람과 만물에게 소비되는 물의 양은 바람과 햇볕에 증발되어 비와 눈으로 내려서 불어나는 양과 서로 맞먹는다. 따라서 그 물은 자연히 모자라지도 넘치지도 않는데, 이것이 바다의 형세이다."

# 지구의 변화와 지진과 온천

허자가 질문했다.

"옛사람의 말에 '뽕나무 밭이 바다로 변한다'고 하였는데 그런 이치가 있습니까?"


실옹이 대답했다.

"내가 보건데, 땅과 물의 변화는 아주 천천히 이루어지는 것이지 갑자기 이루어지는 것이 아닌데, 이 세상에서 인간의 수명은 100년을 넘기지 못하고 국사國史에도 그러한 사실이 전하지 않아 인간이 능히 깨달을 수 없는 것이다.

그러나 조개껍질과 조약돌이 때로는 높은 산에서 보이고 바다 가까운 산에서 흰 모래가 보이는 것은 산과 바다가 서로 넘나들었다는 것으로, 그 흔적은 매우 뚜렷하다. 또 중국을 보더라도 요동의 천리 평야는 하나라 우임금 때의 9개의 하천인 구하54)의 옛 물길이요, 사막 밖의 모래와 자갈은 황하의 옛 물길이다. 맹자가 이르지 않았느냐! '홍수가 가로 흘러 중국으로 넘쳤다'라고.

대개 흘러내리는 모래가 쌓여 막히면 물길이 점점 높아져 둑이 무너지지 않을 수 없다. 황하가 넘쳐흐른 것은 바로 요임금 때에 있었던 일이다. 우임금의 아버지인 숭백이 시대의 운수를 살피지 못하고 중국을 위해 먼 계획을 세운다고 옛 황하의 물길만 회복하고자 하여 9년 동안 막았다. 하지만 성과를 내지 못하고 제방이 한번 무너지자 중국이 물속에 잠겨버렸다. 이에 우임금이 곧 그 자리를 이어 용문산을 뚫어 물을 성질대로 인도하여 그 다급함을 구하긴 하였으나 마침내 중국의 걱정과 근심이 되었다. 이로 본다면 육지가 바다가 되고 바다가 육지로 변하였음을 알 수가 있다."

허자가 질문했다.
"땅에 지진이 있고 산이 옮겨간다는 것은 무엇입니까?"

실옹이 대답했다.
"땅이란 살아 움직이는 물체이다. 혈관과 혈액에 있어 실로 사람의 몸체와 같다고 할 수 있는데, 다만 몸뚱이가 크고 무거워 사람처럼 뛰고 움직이지 못할 뿐이다. 이 때문에 조그만 변화가 일어나도 사람들은 반드시 괴이하게 여겨서 재앙이니 상서로우니 하며 함부로 추측한다. 그러나 실상은 물·불·바람의 기운이 두루 돌다가 막히면 땅에 지진이 일어나고, 거세면 땅을 밀어 옮기기도 하

---

54) **구하** 九河 ___ 우임금 시대에 있었다고 전하는 황하의 9개의 지류를 말한다.

니, 그 형세가 그렇게 되어 있는 것이다."[55]

허자가 질문했다.

"땅에 온천과 짠 우물[鹽井]이 있는 것은 무슨 까닭입니까?"

실옹이 대답했다.

"허공은 물의 정기이고, 태양은 불의 정기이며, 땅의 세계는 물과 불의 찌꺼기다. 물과 불이 없으면 땅은 능히 살아 움직일 수 없다. 스스로 돌아 위치를 정하고 만물을 이루고 성장시키는 것은 물과 불의 힘이다. 온천과 짠 우물 역시 물과 불이 서로 부딪쳐 생기는 것이다."

## 장례의 근본

허자가 질문했다.

"그렇다면 사람이 죽어 장사 지낼 때 묏자리가 좋지 않으면 바람과 불이 재앙을 만든다고 하는데, 과연 그런 이치가 있습니까?"

실옹이 대답했다.

"물·불·바람의 기운이 운행하는 데에는 그 길이 있으니 꽉 찬 것을 만나면 피해 달아나고 텅 빈 것을 만나면 모이게 된다. 장사를 지냄에 있어 옳은 방법을 잊으면 반드시 재앙이 일어난다. 해골이 엎어지거나 뒤집혀지거나 타버리거나 심지어 벌레가 생기고 썩어 문드러지기까지 하니 장사를 편안히 모셨다고 할 수 없다."

허자가 질문했다.

"장례를 치를 적에는 토질이 깨끗하여 물·불·바람·벌레가 나타나지 않았는데, 뒤에 이장을 하려고 옛 무덤을 파헤쳐 보면 편안하고 좋은 자리가 드문 것은 무엇 때문입니까?"

실옹이 대답했다.

"좋은 물음이구나. 부모님이 살아계실 때에는 극진히 받들어 모

---

55) 지구의 내핵은 고체이지만 외핵부터 맨틀까지는 액체로서 고온에 의해 끊임없이 움직인다. 이 때문에 지구에 자기장이 생겨서 생명체에 부담을 주는 강한 태양풍을 막아주어 사람을 비롯한 모든 생명체들이 살아갈 수 있다. 또한 지구 표면의 대륙들을 끊임없이 이동시켜 지진과 해일 그리고 화산의 원인이 된다. 같은 현상이 생명체를 살리기도 하고 부담을 주기도 하는데, 부담보다는 살리는 것이 훨씬 더 크다. 지금도 아메리카 대륙이 아프리카와 유라시아 대륙으로부터 1년에 4cm씩 멀어지고 있고, 아프리카 대륙은 유럽 쪽으로 이동하고 있어서 알프스산맥은 지속적으로 높아지고 있고 지중해는 언제가 없어지게 된다.

시고, 돌아가시면 정성을 다하여 남기신 글과 의복을 높이 받들어 삼가 잘 챙기고 간수해야 한다. 하물며 부모님의 유해야 말할 것이 없다. 묏자리란 유해를 잘 모시는 곳인데, 감히 공경하고 삼가지 않을 수 있겠느냐?

그렇지만 베, 비단과 옷, 이불은 살아계실 때에 봉양하는 기구이고, 관곽[56]이나 정삽[57]은 돌아가시고 난 다음 장사 지낼 때에 남 보기에 좋게 하는 장식이다. 이것들은 모두 흙에 들어가면 썩어서 유해를 더럽힐 뿐이다. 당장 눈앞에 보이는 아름다움만 신경 쓰고 나중에 유해가 더럽혀지는 것은 생각지 않으니, 이렇게 하는 것을 효도라 하고 또 지혜롭다고 할 수 있겠느냐?

더구나 비어 있으면 반드시 딴 물건을 끌어들이는 것이 땅의 생리이다. 정삽을 갖춤으로 해서 곽이 허해지고, 옷과 이불이 썩음으로 해서 관이 허해지고, 역청[58]과 회석灰石이 견고함으로 해서 묘의 구덩이가 허해진다. 물·불·바람·벌레는 모두 비어 있어 생기는 것이니, 슬프구나! 부모의 유해를 잘 모심에 있어서 안으로는 썩을 물체를 입히고 바깥으로 바람과 불을 끌어들여, 사지 마디마디가 타고 흩어져 시체를 보존하지 못한다면 마음이 좋겠느냐?"


실옹이 계속해서 설명했다.

"대저 흙은 만물의 모체요, 생의 근본이다. 비단으로도 그 아름다움에 겨룰 수 없고 옥으로도 그 깨끗함에 비길 수 없는 것이다. 다만 살아 있을 때에는 사람의 몸이 습한 곳에서 살게 되면 병이 생기고, 좋은 의복도 땅에 가까우면 더러워진다. 그러므로 높은 집에서 겹 방석을 까는 것은 흙을 멀리하기 때문에 귀한 것이요, 움막에서 거적을 까는 것은 흙과 가깝기 때문에 천한 것이다.

　사람들이 옛 습관에 젖어 마침내 그 근본을 잊어버리고, 죽음에 이르러서는 염습[59]하는 의복이 두텁지 못할까 염려하고, 관곽과 석회가 단단하지 못할까 염려하며, 긴 세월이 지나도록 오직 흙을 멀리하는 것만을 꾀하는 것이다. 죽음과 삶의 길이 다르니, 귀하고 천한 물체가 다르다. 저승[黃中]에서 따뜻하고 윤택하게 하는 데에는 흙보다 더 귀한 것이 없으니, 진정으로 아름답고 깨끗한 것이다. 그러니 실제로 유해를 소중히 모시는 것이다.

---

56) **관곽** 棺槨 __ 시신을 넣는 관과 곽을 함께 이르는 말이다. 관은 시신을 직접 넣는 상자이고, 곽은 관을 넣기 위해 따로 짜맞춘 시설을 말한다.

57) **정삽** 旌翣 __ 장례 때 쓰는 명정과 운삽을 함께 이르는 말이다. 명정은 죽은 사람의 관직과 성씨 등을 적은 깃발이고, 운삽은 장례를 치르러갈 때 시체를 담은 관 앞뒤에 세우는 널판을 말한다.

58) **역청** 瀝靑 __ 송진에 기름을 섞어 만든 칠을 말한다.

59) **염습** 殮襲 __ 죽은 사람의 몸을 씻은 다음에 수의를 입히고 염포로 묶는 일을 말한다.

태고시대 때 봉분도 만들지 않고 나무도 심지 않은 것은 꾸밈없이 소박하게 한 일이고, 베로 싸기만 하고 관 없이 나장[60] 한 것은 소위 이치에 밝아서 사물에 얽매이지 않았던 달사達士들의 행위였다. 또한 화장하여 사리를 보관하는 것은 불교에서의 정법이고, 벽돌로 둘러쌓고 기와관을 만든 것은 성인에게 꼭 알맞은 제도였다."

허자가 질문했다.
"그렇다면 가장 좋은 법은 화장이고 그 다음은 나장입니다. 그런데 어찌하여 무덤을 만들고 나무를 심고 벽돌을 쌓고 기와로 관을 만들고 하는 것입니까?"

실옹이 대답했다.
"스승을 장사 지내는 데는 의리를 근본으로 하였고, 어버이를 장사 지내는 데는 은공을 근본으로 하였다. 불교의 가르침은 은공을 끊고 의리를 내세웠으며, 유교의 가르침은 의리를 굽히고 은공을 내세웠다. 왕손을 나장한 것은 풍속을 바로잡는 데 너무도 과격한 것이다.

중국에서 태어나면 저절로 의리를 가지고 있으며 검소함을 소중히 여기고 그 꾸밈을 절제하며, 그 근본을 잊지 않고 그 시대에 맞는 뜻을 잘 헤아려서, 나쁜 풍습을 따르지 않고 어버이를 편히 모시는 것을 오래도록 생각해야 하는 것이다.

그런데 대개 평평한 들과 높은 산은 모두 복된 땅인데 무슨 바람과 불의 재앙이 있겠느냐? 이것이 사람의 자식 된 자로서 마땅히 알아야 할 일이다.

대개 주나라 때에는 학문을 숭상하여 예악과 문물이 모두 갖추었고, 맹자는 묵가를 반대하면서 박하게 장사 지내는 것을 나무랐다. 그러나 '관을 무겁게 하고, 진기한 물품을 써야 하고, 흙이 어버이 피부에 닿지 않아야 한다'라는 주장은 폐단이 있다고 봐야 한다."

허자가 질문했다.

"묏자리의 좋고 나쁨이 자손에게 재앙을 주기도 하고 복을 주기도 한다고 생각하여, 이것이 하나의 기운으로 통한다고 하는데, 과연 그런 이치가 있습니까?"

실옹이 대답했다.

"중형을 당한 죄수가 감옥에 있을 때 견딜 수 없는 고통을 겪었

---

60) **나장** 裸葬 ___ 관이나 곽을 쓰지 않고 시신을 묻는 장례를 말한다.

다 하여 죄수 아들의 몸에 나쁜 병이 생겼다는 말을 듣지 못했다. 그런데 하물며 죽은 자의 혼백으로 그 자손에게 재앙이나 복을 줄 수 있겠느냐? 그렇지만 술법이란 허망하여 본래는 그럴 만한 이치가 없지만 그렇게 된다고 전해지고 믿어온 지 오래되었다. 또한 마음을 모으고 혼을 합하면 없는 것도 있게 만드니, 가끔 보통 사람들이 기교 부리는 것을 하늘이 따라주기도 한다. '입이 여럿이면 쇠도 녹이고 비방이 쌓이면 뼈도 녹인다'는 말은 그런 이치인 것이다.

무릇 천체와 기상을 보며 좋은 일과 재앙을 점치고, 괘[61]와 산가지[62]로 길하고 흉함을 점치고, 기도와 제사로 귀신에게 제물을 바치고, 풍수지리에서 화와 복을 점치는 것은 모두 그 이치가 마찬가지이다.

예전에 채계통[63]이 죄를 얻어 귀양 갈 때, 남의 묘를 옮긴 것을 후회하였다. 아무런 까닭 없이 묏자리를 옮기게 했으니 뉘우쳐 마땅하나, 사실은 오직 간사한 술법을 높이어 믿은 것이 후회의 근본이었던 것이다.

더구나 주자가 쓴 ≪산릉의장≫[64]의 기록에도 오로지 술가의 말만을 심하게 주장하였다. 하지만 사관들은 '유가의 종주께서 말씀하셨다' 하여 감히 다른 의견을 말하지 못했다. 이리하여 간사한 말이 거침없이 퍼지면서 세상에 소송과 재판이 미친 듯이 많아

저서 인심이 날로 무너졌다. 예부터 퍼져 있는 나쁜 풍속의 독함
이 어찌 돈오나 사공[65]에 견줄 수 있겠는가?"

61) **괘** 卦 __ 주역의 글자로서, 음양으로 나뉜 효(爻)를 세 개 또는 여섯 개씩 어울려놓은 것으로 점치는 데 쓰인다. 어우르는 차례를 바꾸는 데 따라 3효가 어울려 8괘를 이루고, 6효가 어울려 64괘를 이룬다.

62) **산가지** __ 수를 셈할 때 쓰던 물건으로, 대나무나 뼈 따위로 젓가락처럼 만든다.

63) **채계통** 蔡季通 __ 송나라 학자. 이름은 원정, 호는 서산이다.

64) **산릉의장** 山陵議狀 __ 주자는 풍수지리에 많은 관심을 가졌는데, 특히 송나라 황제 효종이 죽자 후임 황제 영종에게 선정과 관련해 지어보낸 책이다. 여기에서 그는 '풍수의 핵심은 산세의 아름답고 추함에 있다'고 주장하였다. 후에 이 책은 조선 풍수지리에 일종의 지침서가 되었다.

65) **돈오** 頓悟, **사공** 事功 __ 돈오는 수행을 하면서 문득 깨달음에 이르는 것을 말하는데, 여기에서는 불교를 의미하며, 사공은 제도개혁과 산업발전을 통해 삶의 질을 개선하는 사공학을 말하는 것으로 생각된다.

# 자연의 이치를 따를 때 세상은 변화한다

– 자연의 현상과 법칙을 허자에게 설명한 이유

뛰어난 인물의 탄생과 죽음을 두고 '큰 별이 떴다'거나 '큰 별이 졌다'라고 하는 것은 이미 진부한 표현이 되었다. 하지만 우주여행이 가능한 지금도 우리는 떨어지는 별을 보고 소원을 빌면 소원이 이루어진다는 말을 듣고 산다. 어디 이뿐인가? 정월 대보름날이면 남녀노소 모두 달을 보며 한 해의 건강과 행복을 기원하기도 하는데, 비록 아파트 베란다에서 달을 보며 기원하더라도 그 기대는 결코 반감되지 않는다. 한편 두려움의 대상이 되기도 한다. 지금도 칠흑같이 어두운 여름날, 천둥과 번개를 내리치며 폭우가 쏟아질 때는 자연과학적인 상식을 잘 알고 있으면서도 그 두려움과 무서움이 몰려오니 말이다.

자연현상을 얼마나 정확하게 이해하느냐에 따라 자연은 헛된 두려움을 줄이고 잘못된 생각을 바로 잡아주는 것은 물론이고 경우에 따라서는 삶의 촉매제 역할도 한다. 하지만 그렇지 못할 경우에는 두려움과 공포는 배가 되는 것은 물론이고, 공존의 대상이 아니라 경계의 대상으로 여기게 된다. 홍대용이 천체의 움직임과 자연현상의 변화를 자세히 설명한 것도 바로 이런 이유에서이다. 그의 이야기를 자세히 들여다보면 그가 바꾸려고 했던 잘못된 믿음이 무엇이었는지를 알 수 있다. 이것 역시 자신이 공부하고 연구했던 자연과학에 대한 올바른 이해를 통해 조선사회를 개혁하고 싶었던 그의 의지를 확인하는 작업이 될 수 있는 것이다.

홍대용은 만물의 생성에 태양의 중요성을 강조하고 있다. 하늘이 오행의 기를 갖고 땅이 그 질을 갖기 때문에 만물이 생성된다는 이전의 주장에 대해, 햇빛이 단절되면 이 지구상에는 어떤 생물도 살 수 없는 죽음의 세계가 될 것이라고 하였다. 만물의 생성에 대해 주역에서는 팔상<sup>하늘·땅·불·물·천둥·바람·산·연못</sup>을 말하고, 홍범에서는 오행<sup>물·불·쇠·나무·흙</sup>을 말했지만, 이것은 원래 정해진 주장이 아니며, 술가들이 이를 억지로 짜맞추어 점을 칠 때 사용했는데 끝내 그런 이치는 없다는 것이다. 중국에서 내려온 여러 주장이 믿을 만한 것이 아니며, 실제 만물의 생성에는 태양빛과 태양열이 중요하다고 주장했다. 이는 술가들이 말하는 자연현상에 대한 상서로움이나 재앙은 물론이고, 이를 이용한 정치가들의 말에 더 이상 현혹되거나 휘둘리지 않아야 한다는 것이다.

인간은 기본적으로 자연을 떠나서는 살아갈 수 없는 존재이다. 자연에 대한 올바른 지식을 가지고 실체를 바로 보지 못하면 수많은 오류와 불필요한 두려움으로부터 자유로워지지 못한다. 자연현상을 제대로 이해한다면 날씨의 변화, 별의 변화 등에 대한 술가들의 해석, 그리고 그를 빌미로 벌어지는 정권다툼은 사실상 더 이상 타당성을 갖기가 어려워진다. 하늘의 뜻이라는 명분으로 백성을 우롱하는 일은 오래 전부터 되풀이되어 왔고, 그것은 자연현상에 대한 그릇된 이해로부터 비롯되었다. 홍대용은 그동안 무조건 따라왔던 주역과 홍범의 내용을 비판함으로써 새로운 사상으로 나아갈 수 있는 터전을 만들고 싶었던 것이다.

기존의 낡은 사상에 얽매여 그때그때 임시방편으로 진행되는 개혁이란 근본적으로 그 한계를 벗어날 수가 없다. 홍대용은 조선사회를 개혁하기 위한 방침의 하나로 자연현상을 올바르게 이해할 필요가 있다고 본 것이다. 그래서 실옹과 허자를 내세워 성리학자들의 의식 속에 자리 잡고 있는 잘못된 생각을 바로잡고자 하였다.

하지만 이러한 개혁은 18세기에 결코 쉽지 않은 일이었을 것이다. 아직도 우리 주위에서는 자신과 가족의 신변을 주역에 의지해 점을 보는 일들이 행해지고 있으니 말이다. 따라서 홍대용은 바람과 구름, 비와 눈, 천둥과 번개 등의 생성과 기온과 계절의 변화에 대해서도 과학적으로 자세히 설명하였던 것이다. 하지만 21세기 첨단 디지털 사회인 요즘도 수많은 허자가 개인의 진정한 성찰과 노력보다는 용하다는 점집을 찾고 있다. 더구나 선거 때가 되면 정치인도 남몰래 역술가를 찾는다고 하니 아직도 우리의 개혁은 끝이 없는 것은 아닐지 자문해보게 된다. 18세기나 21세기나 민생을 위한 정치란 국민을 찾아가는 정치이다. 자연이 상생의 대상이지 두려움의 대상이 아니듯, 개혁 또한 개혁을 원하는 계층이나 개혁의 주체가 되는 계층이나 더이상 두려움의 대상이 되어서는 안 된다는 것이다.

또한 홍대용은 장례의 예에 대해서도 자신의 의견을 분명히 밝히고 있다. 우리의 장례 문화는 묏자리를 잡고 관을 사용하여 매장하는 것이다. 묏자리를 잡는 일은 오늘날에도 많은 사람들의 관심사이다. 묏자리가 좋은지 나쁜지에 따라서 자손들이 복을 받기도 하고 화를 입기도 한다는 것이다. 이런 생각 때문에 후손이 남의 좋은 묏자리에 조상의 묘를 쓰는 해괴한 일이 일어나기도 하였다. 하지만 이것이 잘못된 생각이라는 것을 홍대용은 확실하게 이야기하고 있다. 중형을 당한 죄수가 감옥에 있을 때 견딜 수 없는 고통을 겪었다 하여 죄수 아들의 몸에 나쁜 병이 생기지 않듯이, 죽은 자의 혼백이 자손에게 영향을 미칠 수 없다는 것이다.

또한 그는 장례도 자연친화적이어야 하며, 이것은 사람과 만물의 본성이 같다는 그의 사상에 근거한 것이다. 사람도 자연의 일부이기에 죽은 후에는 다시 자연으로 돌아가야 한다는 것이다. 따라서 장례를 치름에 있어서도 공경하는 마음으로 정성을 다하면 그만이지 남보기에 아름답게 하기 위해 염습과 관곽을 요란하게 꾸미는 것은 소용없는 일이라 하였다. 오히려 자연으로 돌아가는 것을 방해하는 것이라고 하였다. 호화로운 장례는 효도나 장례의 실제 의미와는 전혀 상관이 없다는 것을 지적한 것이다.

21세기를 사는 지금도 장례문제는 많은 사회적 폐단을 낳고 있다. 최근에는 경제적으로나 정치적으로 지도자의 위치에 있는 사람들이 화장이나 수목장에 앞장서고 있다고는 하지만, 아직도 호화로운 장례문화는 사회계층간 위화감을 조성하고 있다. 더구나 아직 국민 대부분이 매장을 선호하고 있어 좁은 국토를 걱정해야 할 상황에 이르렀다. 18세기에 장례문화에 대해 문제제기를 한 홍대용, 우리 사회 곳곳의 문제를 꿰뚫어보고 개혁하고자 했던 그의 혜안에 감탄을 금할수 없다.

# 06 내가 사는 곳이
## 세계의 중심이다


## 인간세계의 생성과 변화

허자가 질문했다.

"천지의 형체와 그렇게 되기까지는 이미 가르침을 들었습니다. 그런데 사람과 만물의 근본은 무엇이며, 옛날과 지금은 어떤 변화가 있었고, 중국과 그 주변의 민족, 화이[66]의 구분은 어떻게 되는지 듣고 싶습니다."

실옹이 대답했다.

"무릇 땅이란 우주 본체의 살아 있는 물체이다. 흙은 그 살이고 물은 그 정기이며 피이다. 비와 이슬은 그 땀이고 바람과 불은 그 혼백이며 혈기이다. 그러므로 물과 흙은 안에서 빚어내고 햇빛은 밖에서 쪼이므로, 원기元氣가 모여 만물을 만들어내고 번성하게 한다. 풀과 나무는 땅의 머리털이고, 사람과 짐승은 땅의 벼룩이나 이와 같다.

바위 골짜기와 땅속에 뚫린 굴은 기가 모여 바탕을 이룬 것이니 기화氣化라 이르고, 남녀가 서로 느끼어 육체로 교접하여 아이를 배어 낳은 것을 형화形化라 이른다.

상고시대에는 오로지 기화로 이루어졌기 때문에 사람과 만물이 번성하지 못했으나, 타고난 성품이 돈독하고 정신과 지혜가 밝으며 행동 또한 순하고 점잖았다. 생활은 물질에 의존하지 않았고, 마음에 기쁨과 노여움도 싹트지 않았고, 호흡만 내고 들일 뿐 배고프지도 않고 목마르지도 않았다. 하는 일도 없고 하고 싶은 것도 없이 놀러만 다니니, 새와 짐승과 물고기와 자라 들도 모두 제 마음대로 살고, 풀과 나무와 쇠와 돌도 각각 제 자체를 보전하였다. 하늘에는 음란하고 요사스러운 재앙이 없었고, 땅에는 무너지고 마르는 재해가 없었다. 이것이 사람과 만물의 근본이요, 태평한 세상이었다.

중고시대로 내려오면서부터 땅의 기운이 비로소 약해지자, 사람과 만물이 점점 불순하고 혼탁해졌다. 남녀가 서로 모이면 곧

정욕이 생기고 정기를 느껴 결합하여 아이를 배게 되었으니 비로소 형화가 생긴 것이다. 형화가 있으므로 사람과 만물이 점점 늘어나고, 땅의 기가 더욱 줄어들면서 기화가 끊어졌다. 기화가 끊어지니 사람과 만물이 출생하는 것이 오로지 정혈만을 받고 태어나기 때문에 찌꺼기만 점점 자라나서 맑고 밝은 마음은 점점 없어졌다. 이것이 천지의 불행한 운명이요, 화란禍亂의 시초였다.

남녀가 형체로 교접하여 정혈이 소모되고 거짓이 마음을 해쳐 정신에 우울하고 답답한 마음이 생겼다. 안으로는 배고프고 목마른 걱정이 있고 밖으로는 추위와 더위의 괴로움이 있어, 풀잎을 먹고 물을 마셔서 배고픔과 목마름을 채웠으며 나무로 둥우리를 틀고 움집을 만들어 추위와 더위를 막았다.

이렇게 되자 만물은 각각 제 몸만을 위하기에 이르렀고, 백성들은 싸움을 시작하였다. 풀잎을 먹고 물을 마심이 너무 부족하다 하여 함부로 사냥하고 고기를 잡으니, 새·짐승·물고기·자라 등이 제대로 살 수 없게 되었다. 둥우리와 움집이 누추하다 하여 좋은 저택을 지으니, 풀·나무·쇠·돌 등이 형체를 보전할 수 없게 되었다.

---

66) **화이** 華夷 ─ 중화(中華)와 이적(夷狄)을 이르는 말이다. 중화는 중국 한족이 주변의 민족에 대하여 자랑삼아 스스로를 이르는 말이고, 오랑캐를 뜻하는 이적은 고대 중국인이 주변의 여러 민족을 비하하여 부른 명칭이다.

기름진 고기와 맛있는 음식으로 그 입맛을 맞추니 내장기관이 약해졌고, 베와 비단으로 그 몸을 따뜻하게 하니 사지와 뼈마디가 해이해지게 되었다. 동산을 만들고 정자를 짓고 연못을 파는 일이 생기자 땅의 힘이 줄어들고, 성내고 원망하고 저주하는 더러운 기운이 올라오니 하늘의 재앙이 나타나게 되었다.

이에 용맹스럽고 지혜로우면서 욕심 많은 자가 그 중에 태어나서 제 마음과 같은 자를 모아 이끌고 각각 우두머리 노릇을 하니, 약한 자는 일만 하고 억센 자는 이득을 누렸다. 나누어진 강토를 아울러 서로 차지하려고 눈을 부릅뜨고 군사를 이끌어 싸움을 벌이고 주먹을 휘두르며 돌진하니, 백성들은 그 생명을 손상받기 시작하였다. 간교한 자가 재주를 부려 남을 해치고 죽이기 위해, 쇠를 단련하고 나무를 깎아 흉기를 만들었다. 날카로운 칼과 창, 독한 활과 화살로 성을 뺏고 땅을 다투니 쓰러진 시체가 들에 가득하였다. 살아가는 백성의 재앙이 여기에 이르러 극에 달했다.”


## 중국의 역사: 세상이 잘 다스려진 시대

실옹이 계속해서 말했다.

“기주[67]는 사방 천리에 이르며, 중국이라 일컬었다. 산을 등지고 바다에 임하여 바람과 물이 온화하고 넉넉하며, 해와 달이 맑게 비치어 추위와 더위가 알맞고, 하천과 산의 신령스러운 기가 모여 선량한 사람을 탄생시켰다. 복희<sup>伏羲</sup> · 신농<sup>神農</sup> · 황제<sup>黃帝</sup> · 요<sup>堯</sup> · 순<sup>舜</sup> 등이 일어나서, 초가집에 살면서 자신부터 검소한 덕을 닦아 백성의 재산을 마련해주었다. 공손하고 겸양한 모습으로 밝은 덕을 몸소 실천하여 백성의 질서를 바로잡았다. 덕망 있는 가르침이 차고 넘쳐서 천하가 화목하고 평화롭고 즐거웠다. 이것이 중국에서 말하는 성인의 정치이고, 가장 잘 다스려진 시대였다.

시대를 따르고 풍속에 순응함은 성인의 능력이고 법도로 다스리는 요체이다. 무릇 가장 화목하고 평화롭고 즐겁게 잘 지내는 것을 성인이 원하지 않는 것은 아니지만, 시대가 바뀌고 풍속이 변하여서 법이 지켜지지 않는다 하여 만약 억지로 막는다면 그 혼란이 더욱 심해진다. 이렇게 되면 성인의 힘으로도 어쩔 수 없는 것이다. 그러므로 '지금 세상에 살면서 옛 도를 회복시키려고 하면 재앙이 반드시 자신에게 미친다'고 하였다.

정욕의 감정을 이미 금할 수 없게 되자 혼인하는 예절로 부부로 짝짓게 하였으니, 그 음탕함만 금했을 뿐이다. 좋은 집에 거처하는

---

67) **기주** 冀州 ___ 고대 중국의 행정구역인 구주(九州)의 하나였으며 후한 13주 가운데 하나였다. 오늘날 허베이 성 중남부와 산둥 성 서부, 허난 성 북부에 걸쳐 있었다고 한다.

것을 이미 금할 수 없게 되자 초가집을 짓게 하고 갈고 다듬지만 못하게 하였으니, 그 화려함만 금했을 뿐이다. 고기 먹는 습관을 이미 금할 수 없게 되자 낚시만 하고 그물질을 못하도록 산과 연못에서 엄격하게 금지했지만, 함부로 잡는 것만 금했을 뿐이다. 좋은 옷 입는 것을 이미 금할 수 없게 되자 노소와 상하 간의 제도로 구별하였으니, 그 사치함만 금했을 뿐이다.

그러므로 성인은 예악과 제도로써 인도하고 보충해 한 시대를 잘 이끄는 방편으로 삼았던 것이다. 정욕의 뿌리가 뽑히지 않고 이욕利慾의 근원이 막히지 않으면, 그 형세가 마치 하천을 막은 둑처럼 끝내는 터져버린다는 것을 성인이 이미 알았기 때문이다.

하후[68]가 천자의 자리를 아들에게 전하자, 백성이 비로소 자기 집의 이익만 꾀하게 되었다. 은나라를 창건한 탕왕과 주나라를 창건한 무왕이 임금을 내쫓고 죽이자, 백성이 비로소 윗사람을 범하게 되었다. 그러나 이것은 몇몇 임금의 허물이 아니다. 잘 다스려진 끝에 쇠퇴하고 어지러워지는 것은 시대와 형세가 그러한 것이다.

하나라가 충忠을 숭상하고, 은나라가 꾸미지 않은 순수함을 숭상했으나, 요순시대에 비하면 이미 꾸민 것이었다. 또한 주나라의 제도는 오로지 화려하고 사치함만 숭상하여 소왕과 목왕[69]부터는 임금의 기강이 이미 떨어져 제후가 나라를 다스렸다. 따라서 임금이 한갓 헛된 이름만 가지고 윗자리에 앉아 빌붙어 살았으니,

유왕과 여왕[70]이 천하를 망치기 전에 주나라는 이미 없어진 지 오래였다.

주나라를 세운 무왕의 아버지인 문왕이 지은 영대靈臺와 주나라의 태학인 벽옹辟雍은 놀이를 위해 아름답게 만든 것이었다. 우임금 시대에 온 나라의 쇠를 거두어 만든 솥으로 하나라 은나라 이래로 보물로 전해졌던 구정九鼎과 천체를 측량하는 기구인 천구天球는 보배로 여겨 간직한 것이었다. 왕이 타는 수레인 옥로玉輅와 왕의 수레를 끄는 붉은 횡목인 주면朱冕은 복식을 사치하게 한 것이고, 왕이 두는 아홉 명의 빈嬪과 왕의 시중을 드는 어첩御妾은 예쁜 여색을 탐낸 것이었다. 이리하여 주나라의 도읍이었던 낙읍洛邑과 주나라 무왕이 처음에 도읍으로 정했던 호경鎬京에서는 토목공사가 번거롭

---

68) **하후** 夏后 __ 중국 최초의 왕조로 알려진 하나라의 건립자인 우임금을 가리킨다. 순임금에게 천거되어 황하의 범람을 막고 구주(九州)를 잘 다스렸으며, 그 공로를 인정받아 순이 죽자 왕위에 추대되었다. 우는 하나라의 시조가 되어 아들에게 왕위를 물려주었고, 이로써 왕위의 세습이 시작되었다.

69) **소왕** 昭王, **목왕** 穆王 __ 주나라의 4대왕 소왕은 남쪽을 정벌하였고, 5대왕 목왕은 서쪽을 정벌했다. 이때 적지 않은 인원과 물자를 소비하였다.

70) **유왕** 幽王, **여왕** 厲王 __ 주나라의 10대왕 여왕은 포악하여 백성들의 폭동이 일어 도망쳤고, 12대왕 유왕은 아첨배를 중용하고 포사라는 애첩에 빠져 외척 신후의 반란으로 죽임을 당하였다.

게 많았으니, 저 진奏나라의 진시황이나 한나라의 무제도 이것을 본받았다고 하겠다.

또한 주나라는 미자[71]와 기자[72]를 버리고, 은나라<sup>상나라</sup> 주왕의 아들인 무경[73]을 앞세워서 은나라의 도가 다시 일어나지 못하도록 하였으니, 주나라의 숨은 뜻을 어찌 가릴 수 있겠는가? 성왕이 즉위하자, 관숙과 채숙[74]이 형제간에 반란을 일으켜 다투었다. 주공이 이들의 반란을 평정하기 위해 3년 동안이나 동쪽 제후국을 정벌했는데, 창과 도끼가 다 부서지고 여덟 번이나 제후국에 알렸으나 미련한 백성이 따르지 않았다. 이러하니 주나라가 은나라를 대신하여 천하를 차지하려는 마음이 어찌 없었다고 할 수 있겠느냐?

공자가 순임금의 덕을 칭찬함에는 성인이라 하였으나, 주나라 무왕에 대해서는 '천하에 좋은 이름을 잃지 않았을 뿐'이라고 하였다. 태백[75]을 칭찬함에는 지극한 덕이라고 하였으나, 주나라 무왕을 말함에는 '다 착하지는 못했다'고 하였으니 공자의 뜻을 알 만하다."


## 중국의 역사: 이익과 욕심에 의한 시대

실옹이 말했다.

"주나라 이후로 왕의 도리가 날로 없어지고, 패도가 거리낌 없이 일어나 겉으로 어진 척하는 자가 황제가 되고 병력이 강한 자가 왕이 되고, 지략을 쓰는 자가 귀하게 되고 아첨을 잘하는 자가 영화롭게 되었다. 임금은 권력과 돈으로 신하를 꾀어서 부리고, 신하는 임기응변의 계략을 미끼로 임금을 섬겼다. 이리하여 얼굴을 반쯤 알아도 마음이 맞추고 한쪽 눈을 질끈 감고 모른 척하며 상하가 서로 다투어 사사로운 욕심만 꾀하였다. 아아, 슬프구나! 천하가 번

71) **미자** 微子 ─ 은나라 마지막 왕인 주왕의 배다른 형으로, 현인으로 널리 알려졌는데 주왕에게 여러 번 간하였으나 듣지 않아 나라를 떠났다.

72) **기자** 箕子 ─ 은나라 주왕의 숙부로 태사(太師)의 직책에 있었다. 주왕이 비간을 죽이고 미자를 축출하자 산발하고 미친 행세를 하다가 주왕의 미움을 사 감옥에 갇혔다. 주나라 무왕이 은을 정복하고 주왕을 멸한 뒤 그를 옥에서 풀어주고 국사를 맡겼으나 사양하였다.

73) **무경** 武庚 ─ 은나라의 마지막 임금인 주왕의 아들로, 은이 망한 후 유민들을 다스렸고, 주의 무왕이 죽은 뒤 관숙 · 채숙과 함께 난을 일으켜 성왕의 명을 받은 주공에게 죽는다.

74) **관숙과 채숙** ─ 주나라 무왕의 동생들로, 무왕이 죽은 뒤 어린 성왕을 대신해 섭정한 주공에게 반기를 들어 무경을 옹립하며 난을 일으켰으나 주공에 의해 죽임을 당하였다.

75) **태백** 泰伯 ─ 주나라 문왕의 형이다. 부친이 자기 대신 동생 계력에게 지위를 넘겨주려는 뜻을 알고 또 다른 동생 중옹과 함께 집을 떠나 강남으로 갔다. 강북의 문화를 전파하여 강남의 문화가 크게 부흥하는 계기를 마련했다. 태백이 아들 없이 죽자 동생 중옹이 그곳 부족의 수령이 되어 훗날 오(吳)나라의 개창자가 되었다.

거룹고 어수선해진 것은 이익을 얻으려 욕심을 품고 서로 대했기 때문이다.

비용을 절약하고 조세를 덜어줌이 백성을 위한 것이 되지 못하였고, 어진 자를 높이고 유능한 사람을 쓰는 일이 나라를 위한 것이 되지 못하였다. 반역을 토벌하고 죄를 내리는 것이 포악함을 제지하지 못했으며, 후하게 주고 박하게 받으며 먼 곳의 물건을 보배로 여기지 않음이 먼 나라를 회유하지 못했다. 오직 이뤄놓은 업을 지키고 자리를 보전하여 몸이 다하도록 영화롭게 지내다가 2대 3대 무궁토록 전하려 하니, 이것이 소위 어진 임금이 하는 일이고 충신이 내는 훌륭한 꾀라고 하였다.

사람들이 말하기를, 나무와 돌의 재앙은 굽은 나무로 보금자리를 만들어 인간을 짐승으로부터 보호한 유소有巢에서 비롯되었고, 짐승의 재앙은 그물을 만들어 사람들에게 고기 잡는 법을 가르친 복희에게서 시작되었다고 한다. 흉년의 걱정은 나무를 비벼 불을 만드는 방법을 개발하고 음식을 익혀 먹는 방법을 찾아낸 수인燧人에서 유래되었고, 교묘한 지혜와 화려한 풍습은 새와 짐승의 모습과 발자국 등을 본떠 한자의 초기 형태를 만든 창힐蒼頡에게서 근본하였다고 한다.

선비가 입는 도포인 봉액縫掖의 위용이 옷깃을 왼쪽으로 여미는 오랑캐의 옷인 좌임左衽의 편리함만 못하고, 손을 맞잡고 읍하는 허례가 무릎을 꿇고 절하는 공손함만 못하다고 하였다. 문장의 빈말이 말 타고 활 쏘는 실용만 못하고, 따뜻하게 입고 더운밥 먹으면서 몸 약한 것이 저 추운 장막에서 우유를 먹고 몸 강건한 것만 못하다고 하였다. 이는 혹 지나친 주장일지는 모르지만 중국이 떨치고 일어나지 못한 까닭이 여기에서 싹튼 것이다.

하늘과 땅이 개벽하여 드디어 나누어지니 수수한 기품이 흩어졌고, 문치가 이기면서 무력이 약해졌다. 초야에 묻혀 살던 처사들이 제멋대로 자기 주장을 펴자 주나라 도가 날로 위축되었다. 진시황이 서적을 불사르면서 한나라 왕업이 조금 편해졌고, 석거에서 분쟁이 생겨 왕망[76]이 왕위를 찬탈하였다. 후한 말에 금문학과 고문학을 종합한 정현[77]과 마융[78]이 경서를 풀이함에 삼국위·촉·오

---

76) **왕망** 王莽 ── 전한시대의 정치가로 평제를 독살하고 천자의 위에 오른 다음, 신나라를 창건하였다. 전한 말기 석거각에서 경전을 정리할 때 금문학과 고문학에 대한 분쟁이 생겼는데, 이 틈을 타 고문 경학의 개혁정책을 표방한 왕망이 왕위를 찬탈했다. 신나라는 왕망이 재위 23년 만에 유현에 의해서 살해됨으로써 멸망하였다.

77) **정현** 鄭玄, 127~200년 ── 후한 말기의 대표적 유학자로, 한대 경학을 집대성했다. 그의 학문을 정학鄭學이라고 하고, 정학과 송나라 주자의 학문을 함께 정주학이라 한다.

78) **마융** 馬融, 79~166년 ── 정현의 스승으로, 시경·상서·효경·논어 등 각종 경전 등 다양한 책의 주를 달아 해석했다. 문하에 천여 명의 학자가 모였으며, 후한시대 경학의 발전에 큰 영향을 끼쳤다.

으로 분열되었으며, 진晉나라가 청담[79]이라 일컫는 노장사상을 일
삼아서 결국 중국이 망하였다.

오·동진·송·제·양·진의 육조六朝는 화남지역에 속해 있었
고, 흉노족·갈족·선비족·저족·강족의 오호五胡는 화북지역에
서 세력을 떨쳤으며, 탁발拓跋, 북위의 시조은 북조에서 위를 바로 세우
고, 서량西涼, 5호 16국 가운데 하나은 당나라에 통합되었다. 요나라와 금나
라는 서로 주인 노릇하다가 원나라에 합쳐졌고, 주원장이 세운 명
나라가 왕통을 잃어 천하는 청나라를 세운 만주족인 오랑캐의 손
아귀에 들어갔다. 한족漢族이 기세를 떨치지 못하고 오랑캐인 만주
족의 운수가 날로 일어나니, 사람이 부른 것이기도 하지만 하늘의
때가 가져온 필연이다."


## 내가 사는 곳이 세계의 중심이다

허자가 질문했다.

"공자가 ≪춘추≫[80]를 지으면서 중국을 안으로 삼고, 중국 사방
의 오랑캐족인 동이東夷·서융西戎·남만南蠻·북적北狄을 밖으로 하
였습니다. 무릇 중국과 오랑캐의 구별이 이와 같이 엄격한데, 지금
선생은 오랑캐의 운수가 성한 것을 사람이 부른 것이고 하늘의 때

가 가져온 필연이라고 하니 옳지 못한 것이 아닙니까?"

실옹이 대답했다.

"하늘은 낳고 땅은 길러주니, 무릇 혈기가 있는 것은 다 같은 사람이다. 여럿 중에 뛰어나 한 나라를 맡아 다스리는 자는 모두 임금이며, 문을 여러 겹 만들고 성 바깥에 못을 깊이 파서 강토를 조심하여 지키는 것은 다 같은 국가이다. 은나라의 머리에 쓰는 관인 장보章甫나, 주나라의 갓인 위모委貌나, 오랑캐가 몸에 그림을 그리는 문신文身이나, 남만에서 이마에 그림을 그리는 조제雕題는 모두 다 같은 자기들의 풍속인 것이다. 하늘에서 본다면 어찌 안과 밖의 구별이 있겠느냐? 그러니 각각 자기 나라 사람끼리 서로 사랑하고, 자기 임금을 높이며, 자기 나라를 지키고, 자기 풍속을 좋게 여기는 것은 중국이나 오랑캐나 마찬가지다.

대저 하늘과 땅이 변함에 따라 사람과 만물이 많아지고, 사람과 만물이 많아짐에 따라 주체와 객체가 나타나고, 주체와 객체가 나

---

79) **청담** 淸談 __ 맑고 고상한 이야기라는 뜻으로, 위진시대에 성행한 철학적 담론을 일컫는 말이다. 특히 진에서 죽림칠현이 출현하자 무정부주의적 노장사상이 고취되었다.

80) **춘추** 春秋 __ 오경의 하나로 노나라에 전해오는 역사를 공자가 비판 수정한 책을 말한다.

타남에 따라 안과 밖이 구분된다. 오장육부와 팔다리는 한 몸의 안과 바깥이고, 자신과 처자는 한 집안의 안과 바깥이다. 형제와 친척은 한 문중의 안과 바깥이고, 이웃 마을과 변두리는 한 나라의 안과 바깥이며, 법도가 같은 제후국과 임금의 덕이 미치지 못하는 먼 나라는 천지의 안과 바깥인 것이다.

무릇 자기 것이 아닌데 갖는 것을 도둑이라 하고, 죄가 없는데 죽이는 것을 원수라 하며, 네 오랑캐가 중국을 침노하는 것을 떼도둑〔寇〕이라 하고, 중국이 네 오랑캐를 번거롭게 치는 것을 도적〔賊〕이라 한다. 그러나 서로 떼도둑이라 하고 서로 도적이라 하니, 그 뜻은 한 가지이다.

공자는 주나라 사람이다. 왕실이 날로 기울고 제후들까지 쇠약해지자, 오나라와 초나라가 중국을 어지럽혀 도둑질과 해치기가 끊이지 않고 계속되었다. ≪춘추≫는 주나라 책이므로 안과 바깥에 대해서 엄격히 한 것이 또한 당연한 일 아니겠는가?

그러나 만약 공자가 바다에 떠다니다 오랑캐 족이 사는 곳에 들어가 살았다면, 중국의 법을 써서 오랑캐의 풍속을 변화시키고, 주나라 도를 국외에서 일으켰을 것이다. 따라서 안과 밖이라는 구분과 따르고 물러나는 의리도 마땅히 국외 춘추〔역외춘추域外春秋〕에 있었을 것이다. 이것이 공자가 성인이 된 까닭이다."

# 주체적인 세계관이 우리를 바로 서게 한다

– 옛날과 지금의 차이와 중국의 역사를 허자에게 설명한 이유

　우리는 우리의 역사를 돌아보며 때로는 뿌듯해하고 때로는 아쉬워한다. 역사적으로 혼란기였다고 하더라도 한참을 지나 돌아보면 당시에 어떻게 살아야 했었는지가 환히 들여다보인다. 그래서 우리는 그때 그들이 이렇게 했었더라면 지금은 상당히 달라져 있었을 것이라는 아쉬움을 토로하게 되는 것이다. 하지만 살아가는 당대에 나아갈 방향을 정확히 알고 실행해 나가기란 쉬운 일이 아니다. 지금 우리는 어느 시기와도 비교할 수 없을 만큼 많은 정보를 접하며 살지만 개인적으로 어떻게 살아야 하는지 또는 국가적으로 어떤 정책이 최선인지를 정하는 일은 어렵기만 하다. 이것은 과거에 대한 성찰과 현재에 대한 인식을 바탕으로 앞을 내다보는 혜안이 있어야 가능한 일이며, 결국 이 문

제는 올바른 역사관과 세계관을 가지고 있는가 아닌가로 귀결된다.

홍대용의 역사관과 세계관에 대해 살펴보는 것은, 결국 이것이 그의 개혁사상의 근원이었다는 점에서 매우 중요하다. 홍대용은 중국의 역사를 삼황오제 전설시기부터 청나라시기까지 자신의 주관대로 서술하였다. 이를 살펴보면 그의 역사관을 파악할 수 있다.

그는 요임금과 순임금을 검소하면서 덕을 닦아 백성들의 재산을 마련해준 임금으로 보았고, 이러한 풍속이 점차 변하기 시작한 것은 하나라 우임금 때부터였다고 설명했다. 우임금이 임금 자리를 아들에게 상속하면서 백성들이 제 집의 이익을 챙기기 시작하였고, 탕왕과 무왕이 임금을 쫓아내고 왕이 되자 백성이 윗사람을 범하기 시작했다는 것이다. 홍대용이 가장 이상적인 사회라고 생각한 것은 요순시대였다. 임금이 솔선수범하여 백성들과 함께 편안하게 살아가는 것을 가장 중요하게 여겼던 것이다.

또한 백성을 다스리는 사람들의 행동이 백성들과 후대에 미치는 영향력이 얼마나 큰지를 강조했다. 주나라 이후에는 오로지 상하가 서로 다투고 사욕으로 대했으며, 임금과 신하는 자리만 보전하고 생을 마칠 때까지 영화롭게 살다가 대를 이어 이를 전하는 일만을 꾀하였다고 하였다. 중국의 역사를 바라보는 시각으로 볼 때, 진정으로 홍대용이 하고 싶었던 이야기는 당시 조선의 많은 문제가 결국은 백성을 다스리는 사람들의 책임이며, 이를 해결하기 위해서는 먼저 사리사욕만을 챙기는 정치인들의 의식이 달라져야 한다는 것임을 헤아릴 수 있다. 가장 큰 문제는 백성들에게 있는 것이 아니라 자리만 보전하고 자신의 이익만을 좇아 행동하는 정치인들인 것이다. 홍대용은 정치인들이 그들의 잘못된 의식을 바로잡고 백성과 더불어 잘 살 수 있는 이상적인 조선사회를 꿈꾸었다.

당시 조선의 정치인들의 의식을 바로잡기 위해서는 이들이 신봉하는 중국 중심의 화이관華夷觀의 잘못을 밝혀야 했다. 오랑캐라 여겼던 만주족이 청나라를 세우고 중국 한족이 망한 것은 사람들에 의한 것이기도 하지만 하늘의 뜻이라고 하였다. 이미 멸망한 중국 한족의 사상에 얽매여 명분이나 내세우는 조선의 성리학자들을 어떻게든 변화시키고 싶었던 것이다. 그는 우주와 자연과학적인 측면에서 중국이 지구의 중심이 아니라고 역설한다. 또 사람들이 지역에 따라 각자의 풍속에 맞춰 살아가는 모습 역시 당연하기 때문에 중화사상 자체를 부정한다.

이를 위해 홍대용은 공자와 주나라의 예를 들었다. 만약 공자가 주나라가 아닌 다른 곳, 즉 오랑캐 나라에서 살았다면 중국 법을 써서 그곳의 풍속을 변화시키고, 주나라 도를 국외에 일으켰을 것이라고 주장했다. 이것이 역외춘추域外春秋이다. 공자도 주나라에 살았기 때문에 주나라를 중화로 보았던 것이지 다른 곳에서 살았다면 달라졌을 것이라는 이야기이다. 즉, 중국을 더 이상 문화의 중심지인 중화라고 볼 수 없다는 것이다. 그는 이제 중화에 얽매이지 말고, 성리학에도 얽매이지 말고, 만주족이 중국에 청을 세운 것처럼 주체적으로 부국 강병을 이루어 나가는 것이 절실히 필요하다고 보았다.

18세기의 청나라는 이미 서양의 문물이 다양하게 들어와 있었다. 홍대용은 우리의 의식만 달라진다면 얼마든지 새로운 기술과 문물을 받아들여 조선의 문제를 해결할 수 있다고 보았다. 이미 세상은 성리 학에서 벗어나 변화하고 있었고, 청나라는 이미 그 변화의 중심에 들 어가 있었다. 명분 따위는 밀쳐두고 필요한 사상과 문물을 받아들여 적극 활용하면, 조선의 정치와 경제를 나아지게 할 수 있고 백성들이 어려운 형편에서 벗어날 수 있다고 믿었다.

그의 세계관은 기존의 틀에 안주할 것이 아니라 변화의 흐름에 맞 추어 실질적으로 달라져야 한다는 것이다. 물론 이것이 기득권을 가 진 자들에게는 기득권을 포기해야 하는 일이므로 절대 쉬운 일이 아 니다. 하지만 이제 우리는 홍대용이 그러했던 것처럼, 그것이 서로가 함께 살아가는 최선의 길이었음을 모두 안다.

오늘날 우리나라는 세계 유일의 분단 국가이다. 21세기 지구촌 시 대에서 살아가야 하는 우리로서는 제약이 많을 수밖에 없다. 더구나 미국 중심의 세계화가 거세게 밀어닥치는 현실에서 이 눈치 저 눈치 살피지 않을 수 없다. 한때 인천 자유공원에 있는 맥아더 장군 동상 철거문제로 한동안 시끄러운 적이 있었다. 개성공단을 두고도 푸는 방법에는 시각차가 상당하다. 동시대를 살아가고 있지만 개인에 따라 역사관의 차이가 분명히 존재하고 있음을 보여주고 있다. 한편으로 이념의 차이는 있지만 올림픽에서 남북이 한반도기 아래 하나가 되기도 했고, 일본과 북한의 축구경기를 보면 이제는 북한을 응원한다. 과거 공산주의는 나쁘고 자유민주주의는 좋다는 이분법적인 교육을 받은 세대와 이념보다는 민족에 보다 관심이 많은 세대가 공존하고 있다. 뿐만 아니라 헤어나지 못하는 양극화의 늪에서 개인주의를 넘어 이기주의로 치닫고 있으며, 집단 이기주의가 기승을 부리고 있다. 이러한 현실에서 비롯되는 많은 문제들을 홍대용의 역사관과 세계관을 보며 풀어내기를 기대한다.

의산문답 원문

# 醫山問答

子虛子隱居讀書三十年　窺天地之化　究性命之微　極五行之根
達三敎之蘊　經緯人道　會通物理　鉤深測奧　洞悉源委　然後出而語
人　聞者莫不笑之

虛子曰　小知不可與語大　陋俗不可與語道也

乃西入燕都　遊談于搢紳　居邸舍六十日　卒無所遇　於是虛子喟
然歎曰　周公之衰耶　哲人之萎耶　吾道之非耶　束裝而歸

乃登毉巫閭之山　南臨滄海　北望大漠　泫然流涕曰　老聃入于胡
仲尼浮于海　烏可已乎　烏可已乎　遂有遯世之志

行數十里　有石門當道　題曰實居之門　虛子曰　毉巫閭處夷夏之
交　東北之名嶽也　必有逸士居焉　吾必往叩之

遂入門　有巨人獨坐于檜巢之上　形容詭異　斫木而書之曰實翁之居

虛子曰　我號以虛　將以稽天下之實　彼號以實　將以破天下之虛　虛虛實實　玅道之眞　吾將聞其說

虛子膝行而前　向風而拜　拱手而立于右　巨人俛首視　嗒然若無見也

虛子擧手而言曰　君子之與人　固若是其倨乎

巨人乃言曰　爾是東海虛子也歟　虛子曰　然　夫子何以知之　無乃有術乎　巨人乃據膝張目曰　爾果虛子也　余有何術哉

見爾服聽爾音　吾知其爲東海也　觀爾禮　飾讓以僞恭　專以虛與人　是以知爾爲虛子也　余有何術哉

虛子曰　恭者德之基也　恭莫大於敬賢　俄者吾見夫子以爲賢者也　膝行而前　向風而拜　拱手而立於右　今夫子以爲飾讓而僞恭　何也

巨人曰　來　吾試問爾　爾以余爲誰也　虛子曰　吾知其爲賢者而已　吾烏知夫子之爲誰也

巨人曰　然　雖然　爾旣不知我之爲誰　則又烏知我之爲賢者乎

虛子曰　吾見夫子　土木之形　笙鏞之音　遯世獨立　不迷於大麓　吾以是知夫子之爲賢者也

巨人曰　甚矣　爾之爲虛也　爾獨不見夫石門之題斫木之書乎　爾由門而入　見木之書　吾之名　爾所已知而反謂不知　吾之賢　爾所不

知而反謂之知　甚矣　爾之爲虛也

　且吾語子　生民之惑有三　食色之惑　喪其家　利權之惑　危其國
道術之惑　亂天下　爾無乃有道術之惑者乎

　且爾過矣　名者德之符也　號者德之表也　爾知我之爲實翁　則知
我之爲實者而已　反以我爲賢者　何哉　爾見吾之形　擬之土木　聽吾
之音　擬之笙鏞　以吾之居山　擬之以避世獨立　不迷於大麓　是爾觸
物而意萌　隨境而口辨　非諛則妄也

　夫膚肉之脆　去壞樹遠矣　喉肺之氣　去金竹遠矣　且避世獨立　孔
子也　不迷於大麓　虞舜也　爾果以我爲孔子乎　且以我爲虞舜乎

　我之學　惡知不如孔子　我之聖　惡知不如虞舜　惟爾無所得於我
而擬議已遽　是非諛則妄也

　且吾問爾　何哉　爾所謂賢者　虛子曰　崇周孔之業　習程朱之言
扶正學斥邪說　仁以救世　哲以保身　此儒門所謂賢者也

　實翁昂然而笑曰　吾固知爾有道術之惑

　嗚呼哀哉　道術之亡久矣　孔子之喪　諸子亂之　朱門之末　諸儒汩
之　崇其業而忘其眞　習其言而失其意　正學之扶　實由矜心　邪說之
斥　實由勝心　救世之仁　實由權心　保身之哲　實由利心　四心相仍
眞意日亡　天下滔滔　日趨於虛

　今爾飾讓僞恭　自以爲賢　見形聽音　擬人以賢　心虛則禮虛　禮虛
則事無不虛　虛於己則虛於人　虛於人則天下無不虛　道術之惑　必

亂天下　爾其知之乎

　虛子默然有間曰　虛子海上鄙人也　棲心古人之糟粕　誦說紙上之
套語　浮沉俗學　見小爲道　今也聞夫子之言　心神惺悟　如有所得
敢問大道之要

　實翁熟視良久曰　爾顏已皺矣　髮已蒼矣　吾請先聞爾之所學

　虛子曰　少讀聖賢之書　長習詩禮之業　探陰陽之變　測人物之理
存心以忠敬　作事以誠敏　經濟本於周官　出處擬於伊呂　傍及藝術
星曆兵器籩豆數律　博學無方　其歸則會通於六經　折衷於程朱　此
虛子之學也

　實翁曰　如爾之言　儒者之學　綱領俱備　爾且何所不足而問我爲
爾將窮我以辯乎　將角我以學乎　將試我以章程乎

　虛子起拜而言曰　夫子是何言也　虛子局於謏僿　未聞大道　妄尊
如井蛙窺天　膚識如夏虫談冰　今見夫子　心竅開豁　耳目清快　輸情
竭誠　夫子是何言也

　實翁曰　然　爾儒者也　先灑掃而後性命　幼學之序也　今吾將語爾
以大道　必將先之以本源

　人之所以異於物者　心也　心之所以異於物者　身也　今吾問爾　爾
身之異於物者　必有其說

　虛子曰　語其質則頭圓者天也　足方者地也　膚髮者山林也　精血
者河海也　雙眼者日月也　呼吸者風雲也　故曰人身小天地也

語其生則父精母血 感而結胎 月滿而降生 齒增而智長 七竅通
明 五性具足 此非人身之所以異於物者乎

實翁曰 噫 如爾之言 人之所以異於物者幾希 夫髮膚之質 精血
之感 草木與人同 況於禽獸乎

我復問爾 生之類有三 人也 禽獸也 草木也 草木倒生故有知而
無覺 禽獸橫生 故有覺而無慧 三生之類 块軋泯棼 互相衰旺 抑
將有貴賤之等乎

虛子曰 天地之生 惟人爲貴 今夫禽獸也草木也 無慧無覺 無禮
無義 人貴於禽獸 草木賤於禽獸

實翁仰首而笑曰 爾誠人也 五倫五事 人之禮義也 羣行呴哺 禽
獸之禮義也 叢苞條暢 草木之禮義也 以人視物 人貴而物賤 以物
視人 物貴而人賤 自天而視之 人與物均也

夫無慧故無詐 無覺故無爲 然則物貴於人 亦遠矣 且鳳翔千仞
龍飛在天 蓍蔰通神 松栢需材 比之人類 何貴何賤

夫大道之害 莫甚於矜心 人之所以貴人而賤物 矜心之本也

虛子曰 鳳翔龍飛 不離禽獸 蓍蔰松栢 不離草木 仁不足以擇民
智不足以御世 無服飾儀章之度 無禮樂兵刑之用 其於人也 若是
班乎

實翁曰 甚矣 爾之惑也 魚鮪不淰 龍之澤民也 鳥雀不獮 鳳之
御世也 雲氣五采 龍之儀章也 遍體文章 鳳之服飾也 風霆震剝

174

龍之兵刑也　高崗和鳴　鳳之禮樂也　蓍龜　廟社之寶用　松栢　棟樑
之重器

　是以古人之澤民御世　未嘗不資法於物　君臣之儀　盖取諸蜂　兵
陣之法　盖取諸蟻　禮節之制　盖取諸拱鼠　網罟之設　盖取諸蜘蛛
故曰聖人師萬物　今爾曷不以天視物　而猶以人視物也

　虛子矍然大悟　又拜而進曰　人物之無分　敬聞命矣　請問人物有
生之本　實翁曰　善哉問也　雖然　人物之生　本於天地　吾將先言天
地之情

　太虛寥廓　充塞者氣也　無內無外　無始無終　積氣汪洋　凝聚成質
周布虛空　旋轉停住　所謂地月日星是也

　夫地者　水土之質也　其體正圓　旋轉不休　淳浮空界　萬物得以依
附於其面也

　虛子曰　古人云天圓而地方　今夫子言地體正圓　何也

　實翁曰　甚矣　人之難曉也　萬物之成形　有圓而無方　況於地乎

　月掩日而蝕於日　蝕體必圜　月體之圜也　地掩日而蝕於月　蝕體
亦圜　地體之圜也　然則月蝕者　地之鑑也　見月蝕而不識地圜　是猶
引鑑自照而不辨其面目也　不亦愚乎

　昔者曾子有言曰　天圓而地方　是四角之不相掩也　此其言有自來
矣

　夫天圓而地方者　或言其德也　且爾與其信古人傳記之言　豈若從

現前目訂之實境也

苟地之方也　四隅八角六面均平　邊際斗絶　如立墻壁　爾見如此
虛子曰然

實翁曰　然則河海之水　人物之類　萃居一面歟　抑布居六面歟　虛
子曰　萃居上面爾　蓋旁面不可橫居　下面不可倒居也

實翁曰　然則居不可橫倒　豈不以墜下歟　虛子曰然

實翁曰　然則人物之微　尚已墜下　大塊之重　何不墜下　虛子曰
氣以乘載也

實翁厲聲曰　君子論道　理屈則服　小人論道　辭屈則遁　水之於舟
也　虛則載實則臭　氣之無力也　能載大塊乎

今爾膠於舊聞　狃於勝心　率口而禦人　求以聞道　不亦左乎

邵堯夫達士也　求其理而不得　乃曰天依於地　地附於天　曰地附
於天則可　曰天依於地則渾渾太虛　其依於一土塊乎

且地之不墜　自有其勢　不係於天　堯夫知不及此　則强爲大言　以
欺一世　是堯夫之自欺也

虛子拜而對曰　虛子失辭　敢不知罪　雖然　羽毛之輕　莫不墜下
大塊之重　終古不墜　何也

實翁曰　膠舊聞者　不可與語道　狃勝心者　不可與爭口　爾欲聞道
濯爾舊聞　祛爾勝心　虛爾中慤爾口　我其有隱乎哉

夫渾渾太虛　六合無分　豈有上下之勢哉

176

爾且言之　爾足墜於地　爾首不墜於天　何也　虛子曰　此上下之勢
也　實翁曰然

我又問爾　爾胸不墜於南　爾背不墜於北　左膊不墜於東　右膊不
墜於西　何也

虛子笑曰　此無南北之勢　亦無東西之勢也

實翁笑曰　穎悟哉　可與語道也　今夫地日月星之無上下　亦猶爾
身之無東西與南北也

且人莫不怪夫地之不墜　獨不怪夫日月星之不墜　何也

夫日月星　升天而不登　降地而不崩　懸空而長留　太虛之無上下
其跡甚著　世人習於常見　不求其故　苟求其故　地之不墜　不足疑也

夫地塊旋轉　一日一周　地周九萬里　一日十二時　以九萬之濶　趍
十二之限　其行之疾　亟於震電　急於炮丸　地既疾轉　虛氣激薄　閡
於空而湊於地　於是有上下之勢　此地面之勢也　遠於地則無是勢也

且磁石吸鐵　琥珀引芥　本類相感　物之理也


是以火之上炎　本於日也　潮之上湧　本於月也　萬物之下墜　本於
地也

今人見地面之上下　妄意太虛之定勢而不察周地之拱湊　不亦陋
乎

且曰　河海之水　人物之類　萃居一面也　是夷夏數萬里　遠近均平

夫泰山巨嶽　海外國土　升高測望　可以一覽而盡之　其果然乎

　虛子曰　竊常聞之　此人視有限也　理或如是

　實翁曰　人視固有限也　雖然　海行則日月出於海而入於海　野望則日月出於野而入於野　天接於海野　無所障礙　視限之說　不可行矣

　量地準於測天　測天本於兩極　測天之術　有經有緯　是以垂線而仰測其直線之度　命之曰天頂　距極近遠　命之曰幾何緯度

　今中國舟車之通　北有鄂羅　南有眞臘　鄂羅之天頂　北距北極爲二十度　眞臘之天頂　南距南極爲六十度　兩頂相距爲九十度　兩地相距爲二萬二千五百里　是以鄂羅之人　以鄂羅爲正界　以眞臘爲橫界　眞臘之人　以眞臘爲正界　以鄂羅爲橫界

　且中國之於西洋　經度之差　至于一百八十　中國之人　以中國爲正界　以西洋爲倒界　西洋之人　以西洋爲正界　以中國爲倒界　其實戴天履地　隨界皆然　無橫無倒　均是正界

　世之人　安於故常　習而不察　理在目前　不曾推索　終身戴履　昧其情狀　惟西洋一域　慧術精詳　測量該悉　地球之說　更無餘疑

　虛子曰　地球之體　上下之勢　謹聞命矣　敢問地體旋轉　如是颮疾虛氣激薄　其力必猛　人物之不靡仆　何也

　實翁曰　萬物之生　各有氣以包之　體有小大　包有厚薄　有如鳥卵黃白相附

地體既大　包氣亦厚　籠絡經持　搏成一丸　旋轉于空　磨盪虛氣
兩氣之際　激薄飇疾　術士測之　認以罡風　過此以外　渾渾淸靜

兩氣相薄　內湊於地　如江河之涯　激作匯洑　上下之勢所由成也

若飛鳥之廻翔　雲氣之舒卷　如魚龍在水　如土鼠行地　涵泳於湊
氣　無慮其靡仆　況人物之附於地面乎　且爾不思甚矣　地轉天運　其
勢一也　若積氣驅走　猛於飇颶　人物靡仆　必將倍甚　譬如蟻附磨輪
疾轉而不悟　遇風而靡　無恠於天運　而疑之於地轉　不思甚矣

虛子曰　雖然　西洋之精詳　旣云天運而地靜　孔子　中國之聖人也
亦曰天行健　然則彼皆非歟

實翁曰　善哉問　民可使由之　不可使知之　君子從俗而設敎　智者
從宜而立言　地靜天運　人之常見也　無害於民義　無乖於授時　因以
制治　不亦可乎

在宋張子厚微發此義　洋人亦有以舟行岸行　推說甚辨　及其測候
專主天運　便於推步也

其天運地轉　其勢一也　無用分說　惟九萬里之一周　飇疾如此　彼
星辰之去地　纔爲半徑　猶不知爲幾千萬億　況星辰之外　又有星辰
空界無盡　星亦無盡　語其一周　遠已無量　一日之間　想其行疾　震
電炮丸　擬議不及　此巧曆之所不能計　至辯之所不能說　天運之無
理　不足多辨

且吾問爾　世人談大地　豈不以地界爲空界之正中　三光之所包歟

虛子曰　七政包地　測候有據　地之正中　宜若無疑然

實翁曰　不然　滿天星宿　無非界也　自星界觀之　地界亦星也　無量之界　散處空界　惟此地界　巧居正中　無有是理

是以無非界也　無非轉也　衆界之觀　同於地觀　各自謂中　各星衆界

若七政包地　地測固然　以地謂七政之中則可　謂之衆星之正中則坐井之見也

是以七政之體　自轉如車輪　周包如磨驢　自地界觀之　近地而人見大者　謂之日月　遠地而人見小者　謂之五星　其實俱星界也

盖五緯包日而以日爲心　日月包地而以地爲心　金水近於日　故地月在包圈之外　三緯遠於日　故地月在包圈之內　金水之內　數十小星　並心於日　三緯之旁　四五小星　並心於各緯　地觀如是　各界之觀　可類而推

是以地爲兩曜之中而不得爲五緯之中　日爲五緯之中而不得爲衆星之正中　日且不得爲正中　況於地乎

虛子曰　地之非中　謹聞命矣　敢問銀河何界也

實翁曰　銀河者　叢衆界以爲界　旋規於空界　成一大環　環中多界千萬其數　日地諸界　居其一爾　是爲太虛之一大界也

雖然　地觀如是　地觀之外如河界者　不知爲幾千萬億　不可憑我渺眼　遽以河爲第一大界也

是以有明界有暗界有溫界有冷界　近明界者　受明以爲明　近溫界者　受溫以爲溫　明溫者日界也　暗冷者地月也　暗冷而爲明溫者　地月之近日而受之者也

虛子曰　衆星皆界也　各界之形色情狀　可得悉聞歟

實翁笑曰　邵堯夫謂天地有開闢也　以一元十二萬九千六百年　爲開闢之限　自以爲大觀也　世人亦期之以大觀也　爾爲何哉　虛子曰開闢之限　聞其說而不能信其理也

實翁曰然　物之有體質者　終必有壞　凝以成質　融以反氣　地之有閉闢　其理固也　惟天者虛氣　蕩蕩灝灝　無形無眹　開成何物　閉成何物　不思甚矣　夫吾之出世　計以一元　不知其爲幾千萬億　周遊各界　閱其凝融　又不知其爲幾千萬億　前乎吾者　又不知其爲幾千萬億　後乎吾者　又不知其爲幾千萬億　是以各界之形色情狀　爾所不能知　亦所不必知　吾所不能言　亦所不必言　設或言之　爾必驚疑無所徵信　今此據爾之所視　語爾之所知

日者體大於地　其數多倍　其質火　其色赤　質火故其性溫　色赤故其光明　焰煇四發　漸遠而漸微　極於數千萬里

生於本界者　稟受純火　其體晃朗　其性剛烈　其知烔透　其氣飛揚無晝夜之分　無冬夏之候　終古居火而不覺其溫也

月者體小於地　三十居一　其質氷　其色淸　質氷故其性冷　色淸故暎日發光　遠日則凝　空明如鏡　近日則融　汪洋如海

生於本界者　禀受純氷　其體瀯澈　其性潔淨　其知澄明　其氣輕浮　晝夜之分　冬夏之候　與地界同　終古居氷而不覺其冷也

地者七政之滓穢　其質氷土　其色晦濁　質氷土故其性寒　色晦濁故映日少　光近而受溫　土潤氷解

生於本界者　其體厖駁　其性粗雜　其知昏憝　其氣鈍滯　日照而爲晝　日隱而爲夜　日近而爲夏　日遠而爲冬　日火蒸炙　滋產眾生　形交胎產　人物繁眾　神智日閉　小慧日長　利慾淫熬　生滅芒忽　此地界之情狀而爾之所知也

虛子曰　居日界者　如火鼠之居火　居月界者　如水族之居水　其理然也　敢問兩界之生　可通其遊歷歟

實翁曰　何言之愚也　陸居者入水則窒死　水居者出陸則喘死　南人不耐寒　北人不耐暑　一界之中　尚不能通　各界之生　形氣絕異有如水火　水火之同器　豈有其理乎

虛子曰　虛子濁界之物也　聞夫子之言　始知太虛之間有此眾界願賴神力　陞彼九霄　遊歷太虛　今日月之界　尚不相通　將小子終不免芒忽於濁界也

實翁笑曰　爾果欲陞彼九霄　不患無術　盖池魚成龍　溟鯤化鵬　壞蠱蟬蛻　野蠶蝶幻　人之靈巧　何患無術　十年胎息　丹成脫殼　法身靈變　超越雲霄　不焦於火　不濡於水　遊歷眾界　永享清快　爾欲爲之乎

182

虛子曰　此世俗所謂仙人之術也　小子聞其說而不敢信也　果有此術　棄妻子如弊屣也

實翁厲聲曰　吾以汝爲可敎也　乃愚滯之難啓　利慾之難淸　有如是乎

彼胎丹之術　實有其理　亦有其人　雖然　久則萬年　少則千年　終歸消滅　亦何益哉

人之生世也　願慾無極　華美之奉　靡曼之色　崇高之位　輝赫之權珍恠之物　詭異之觀　人皆慕之

其巧且黠者　念其憂危　苦其訕議　患其芒忽　又知其不可必得　則乃反身淸修　逞慾於象外　以圖萬千年淸快

及其仙昇　神思窈冥　遊歷衆界　七情永閟　耳如無聞　目如無見參以俗情　無一樂事

衆生見其飛昇度世　以世情妄意　仙人乘龍御風　招呼仙侶　遊戱異境　備諸快樂　不亦愚乎

夫仙人之術　要在無爲　恬恬漠漠　淨靜不撓　艶樂俗情　一萌于中眞元渙散　法身墮落　苟令世人之慕仙者　置之此境　必將厭其寥廓苦其簡泊　不欲斯須居也

且世人或有爲幻妄之術者　托以眞仙　閃忽詭奇　以弄愚俗　愚俗之妄慕　實由於此

夫眞仙　飄飆遺世　忘親戚之恩　絶舊鄕之戀　況濁界臭穢　不可嚮

邇　豈其辱身降志　挾術驚世　透露光景　自作罪過　甚矣　地界之愚昏也

是以仙昇之徒　無營無欲　以葆眞精　萬千年間　終歸消滅　畢竟就盡　久速無分　石火泡幻　實同殤子

原其發願　實由利心而卒無其利　巧而實拙　黠而實愚　爾欲學道而乃有是願　不亦惑乎　虛子霍然而悟　莞然而笑曰　小子過矣

敢問各界俱轉　亦能周包他界　獨此地界　只能自轉　不能周行　何也

實翁曰　衆界之成　體有輕重　性有鈍疾　輕而疾者　轉而能周　重而鈍者　轉而不周

輕疾之極　周圈極濶　三緯之類也　重鈍之極　周圈切面　地界之類也　輕界之生　虛而靈　重界之生　實而滯

虛子曰　然則五緯　五行之精也　恒星　衆物之象也　下應地界　妖祥有徵　何也

實翁曰　五星之體　各有其德　五行之分屬　術家之陋也

且自地界觀之　繁星連絡　如昴宿之叢萃　類居羣聚　其實十數點之中　高下遠近　不啻千萬其里

自彼界觀之　日月地三點　耿耿如連珠　今以日月地　舍爲一物而命之以三星　可乎

惟曆象推步　資於宮度　星之有名　曆家之權定也　乃若繁衍牽合

184

參以俗事 轉作術家之欛柄 支離乖妄 極於分野

夫地界之於太虛 不啻微塵爾 中國之於地界 十數分之一爾 以周地之界 分屬宿度 猶或有說 以九州之偏 硬配衆界 分合傅會 窺覘灾瑞 妄而又妄 不足道也

虛子曰 然則分野之說 流傳已久 或有明徵 好風好雨 熒惑守心 凡乾象之符應 皆不足信乎

實翁曰 衆口鑠金 積毀銷骨 口不可鑠金 毀不可銷骨 猶致銷鑠者 人衆而勝天也

技術雖妄 人心有感 依信之極 或致徵應 此撮空之虛影也 眩於虛影 不察情實 惑之甚矣

且箕風畢雨 因其俗諺 借明民情 非謂兩星眞有是好

若熒惑之行 時有包旋 留守進退 緣於地觀 天高聽卑 司星之謬也

虛子曰 月中明暗 或謂水土 或爲地影 願聞其說

實翁曰 吾語其實 爾信吾口 不若據爾所見 開爾實見

夫鄙諺所謂桂兔 東昇之望形也 苟其水土也 月之中天 其形必橫 月之西落 其形必倒 今乃隨行而隨變 不橫不倒 化成各形 三停之形 終古如一

且觀弦月 宜見其半而全形備焉 特其蹙而狹爾 水土之說 似是而實非 盖月體如鏡 地界半面 隨明透影 東昇之影 東界之半面也

中天之影　中界之半面也　西落之影　西界之半面也　謂之地影　不亦
可乎

　虛子曰　敢問天之有兩極　何也　實翁曰　地界之人　不知地轉　故
謂天有兩極　其實非天之極也　乃地之極也

　凡物之轉動　由於虛實而身外有界耳

　今夫天者其體至虛　其性至靜　其大無量　其塞無間　雖欲轉動　得
乎

　惟星宿衆界　各有轉動　歲次之論　所由起也　其轉動之勢　各有遲
速　南北東西　遊移無定　特以距地絶遠　視差甚微　圖象隨時　稽古
無憑　人自不覺爾

　虛子曰　敢問流妖彗孛　何氣致然　實翁曰　此不一端　有凝合於空
界而成者　有各界之氣相盪而成者　有融界之餘氣流走而成者　此皆
所以然而致也

　惟人地之氣　極其和而成者　慶星之類也　人地之氣　失其常而成
者　彗孛之類也

　虛子曰　太白午見　芒氣之盛也　敢問衆界之氣　時有衰旺歟

　實翁曰　太白包日　其圍半在日外　半在日內　在外者遠於地　在內
者近於地　且太白無光　受明於日　晦望如月　近於地而明滿於下者
光盛於地而日不能掩也　非體有衰旺而然也

　虛子曰　日蝕者陰抗陽也　月蝕者陽抗陰也　至治之世　當食而不

186

食 果有其理歟

實翁曰 拘於陰陽 泥於理義 不察天道 先儒之過也 夫月掩日而日爲之蝕 地掩月而月爲之蝕 經緯同度 三界參直 互掩爲蝕 其行之常也

且日食於地界而地食於月界 月食於地界而日食於月界 此三界之常度 不係於地界之治亂

雖然 日沒而爲夜 亦日之變也 以處晝之道 處夜則亂矣 日食之爲變 亦猶是也 處變修省 人事之當然也

虛子曰 風雲雨雪霜雹雷霆虹暈凡天道之變 可得悉聞歟

實翁曰 虛者天也 是以井坎之空 瓶罌之空 亦天也 凡風雲之屬 皆出於虛 故謂之道 其實地氣之蒸成 不專於天也

嘗試言之 風者生於地角 地之轉也 不能無掀搖 山嶺之高 隧壑之深 不能無激盪 故虛氣簸漾 四出而爲風

激之急者其風猛 激之徐者其風緩 近於激者其勢大 遠於激者其勢微 一激之後 互相衝撞 東西南北 任其驅射 且蛟龍之騰化 雷雨之翻注 亦能煽呼 皆出於地面 是以離地數百里 未嘗有風焉

雲者 山川之氣騰結而成形 其色本淡 借日光以成雜采 日午多白 正受光也 其黑者 積厚而陰也 朝夕多紅紫 地氣之盪日也

雨者 甄露之勢也 水土之氣蒸騰于空 鬱于密雲 無所泄而凝成氣蒸而雲不密則不成雨 雲密而氣不蒸則亦不成雨

雪者　冷氣之蒸也　霜者　溫冷之襍也　雹者　溫冷相薄　急雨之凍
也　皆成於蒸氣　雨之類也

雷者　蒸氣隔鬱　相撞發火　電者其光也　雷者其聲也　火之所觸
物必靡爛　先電而後雷者　發於遠也　電雷並作者　發於近也　遠於地
者　散於空界　近於地者　觸而震物　不雷而電者　百里以遠也　不電
而雷者　積雲之隔也

鐵鎌扣石　火鈴布地　違避堅濕　必就燥絨　蓋堅濕者　火之所畏
燥絨者　火之所嗜　夫雷者　其性剛烈　其氣奮猛　違避正直　必就邪
沴　蓋正直者　雷之所畏　邪沴者　雷之所嗜

夫人之靈覺　乃一身之火精　況雷者　天地之正火　剛烈奮猛　好生
嫉惡　翠時暴霆　靈覺如神　凡人物被震　時顯奇跡　曲施機巧　是雷
神之有情也　火精靈覺　實同人心

虹者　水氣也　朝東夕西　借日以成　日之斜射　必成半規　日午無
虹　水氣不厚也　日月之暈　虹之類也　成於空故必成全規　虹暈之成
規　日月之圓也

虛子曰　人在地上　見天未半　雖然　或日已東昇而西見月食　且日
月之在地面　距人遠而圈徑必大　其在中天　距人近而圈徑反小　何
也

實翁曰　此氣之所爲也　試將銅錢置于浴盤　退而窺之　纔見一點
及灌注清水　全形騰露　此水之力也　玻瓈籠眼　秋毫如指　此玻瓈之

力也

今水土之氣　蒸包地面　外弱三光　內眩人目　映發如水　靉靆如玻璨　騰卑爲高　幼小爲大　西洋之人　有見於此　命以淸蒙　仰測見小　淸蒙之薄也　橫望見大　淸蒙之厚也

夫雷聲之壯而不過百里　銃丸之猛而不及千步　此遠近之勢也　雖然　遠近之所以致然　必有其故

盖遊氣充塞　穿撥有限　聲馳丸走　力竭而止　人之目力　亦猶是也　夫日月眞徑　終不可測也

月體初朏　明飽魄外　是光燄成暈　非月本體　弦望徑圍　靡所適從　況太陽純火　燄暈倍大　眞界深淺　竟無驀量

且測望圜體　近則見小　遠則見大　彈丸之微　莫辨本形　況於日月乎

虛子曰　地體之圓　分野之妄　旣得聞命矣　敢問一日之間朝晝異候　一歲之中冬夏異候　一地之中南北異候　何也

實翁曰　冷者　地界之本氣也　溫者　日火之熏炙也

且以中國言之　北京北至之日　不及天頂十六度　日光微斜　溫候已減　從此以北至于極下　則夏候如冬候　若其冬候　土地凍坼　有氷無水

南海北至之日　正當天頂　夏日直射　烈炎如焚　終古無氷　從此以南至赤道南二十餘度　一歲溫候　互有消長　惟赤道南北　冬夏易其

候

赤道南數十度　以南至爲夏　以北至爲冬　其溫冷之候　畧同中國
由此益南至極下　則夏候如冬　若其冬候　土地凍坼　有氷無水　亦如
北極之下

由南極而南　由北極而北　其漸溫漸冷　極溫極冷幷同　此地界惟
南北易其候而已

盖日由黃道　出入於赤道　內外各二十三度　地界之近赤道而日光
直射者　其氣極溫　稍遠於赤道而日光斜射者　其氣微溫　絶遠於赤
道而日光橫射者　其氣極冷　是以地之有溫　受於日也　溫有微極　日
之斜直也　察乎此則朝晝之異候明矣　朝晝之異候明　則冬夏之異候
明矣　冬夏之異候旣明　則南北之異候亦明矣

虛子曰　日南至而一陽生　日北至而一陰生　陰陽交而爲春夏　天
地閉而爲秋冬　南陽而北陰　地勢之定局也　夏溫而冬冷　陰陽之交
閉也　今夫子舍陰陽之定局　去交閉之眞機　率之以日火之遠近斜直
無乃不可乎

實翁曰　然　有是言也　雖然　陽之類有萬而皆本於火　陰之類有萬
而皆本於地　古之人有見於此而有陰陽之說

萬物化生於春夏則謂之交　萬物收藏於秋冬則謂之閉　古人立言
各有爲也　究其本則實屬於日火之淺深　非謂天地之間別有陰陽二
氣隨時生伏主張造化　如後人之說也

虛子曰　地界生物　統屬於日火　假令日界一朝融滅　卽此地界將無一物

實翁曰　氷土相結　物不生成　暗冷混沌　成一死界　虛空之中　絶遠日火　徒成死界　奚啻千萬

虛子曰　天者五行之氣也　地者五行之質也　天有其氣　地有其質物之生成　自有其具　豈其專屬於日乎

實翁曰　虞夏言六府　水火金木土穀是也　易言八象　天地火水雷風山澤是也　洪範言五行　水火金木土是也　佛言四大　地水火風是也

古人隨時立言　以作萬物之總名　非謂不可加一　不可減一　天地萬物　適有此數也

故五行之數　原非定論　術家祖之　河洛以傅會之　易象以穿鑿之　生克飛伏　支離繚繞　張皇衆技　卒無其理

夫火者日也　水土者地也　若木金者　日地之所生成　不當與三者並立爲行也

且天者　淸虛之氣彌滿無際　其可以蕞爾地界之噓吸　擬議於至淸至虛之中乎

是知天者氣而已　日者火而已　地者水土而已　萬物者　氣之粕糟火之陶鎔　地之疣贅　三者闕其一　不成造化　復何疑乎

虛子曰　人物之生　胎卵根子　各有其本　何待於日火乎

實翁曰　人物之生動　本於日火　使一朝無日　冷界凌兢　萬品融消胎卵根子　將安所本　故曰地者萬物之母　日者萬物之父　天者萬物之祖也

虛子曰　古云天不滿西北　地不滿東南　天地果有不滿歟

實翁曰　此中國之野言也　見北極之低旋　則疑天之不滿　見江河之東注　則疑地之不滿　泥於地勢之適然　不察環面之異觀　不亦愚乎

虛子曰　地面之晝夜長短　彼此齊同　無有差別乎　實翁曰　豈其然乎

假如晝午於此　則自此以東九十度爲夕照　過此則爲昏曚　自此而西九十度爲朝暾　過此則爲晨曚　東西各一百八十度　卽此之對面而爲夜半　赤道南北各二十餘度　終年晝夜俱均　所差不過刻分　過此則晝夜之差漸多

極長或過十一時　極短或不及一時　至于兩極而赤道爲地平　則日在赤道上爲晝而占半年　日在赤道下爲夜　亦占半年

虛子曰　今夫海之爲物也　旱不渴雨不溢寒不氷　百川灌注而不變其鹹　朝汐隨時而不失其期　願聞其理

實翁曰　月者水精也　水遇月則感而應之　湧而成浪　月有常道　潮有常期　浪勢簸掀　自成進退

近於本浪者　進退俱猛　遠於本浪者進退俱微　其益遠者　浪勢不

及 不成潮汐也

海水雖大畜而不洩 近於赤道 日火蒸炙 轉成鹹味 味鹹如鹽豉 浪湧如灘水 地且近日 冬不成氷

若兩極之下 地候極冷 日火煮微而潮浪不及 則亦有氷海

且積水巨涵 汪洋無際 江海之灌 霖雨之浸 實如一杯之水 無所 增損於千頃之陂

且江河之源 本於重泉 重泉之源 本於海水 水隨土脉 如激如吸 橫流倒行 無遠不到 土氣滲潤 變鹹爲淡 溢爲井泉 湊成江河 此 是互相輸瀉 均是海水

且風陽之熯曝 人物之沃飮 足以當雨雪之淋漓 則不渴不溢 其 勢然也 虛子曰 古云桑海之變 亦有其理乎

實翁曰 余觀地界 人壽不過百年 國史未傳實蹟 地水之變 漸而 不驟 人不能覺也 蚌蛤之殼 水磨之石 或在高山 海傍之山 類多 沙白 此其互相進退 其蹟甚著

且觀中國 遼野千里 乃是九河故道 漠外沙磧 乃是黃河故道 孟 子不云乎 洪水橫流 汎濫於中國

夫流沙淤塞 水道漸高 不能不橫決也

黃河橫決 正當堯時 崇伯不察時運 爲中國遠慮 欲復其故道 陻 之九年 績用不成 堤防一壞 九州懷襄 禹乃嗣興 鑿龍門順其勢而 導之 以救其急而卒爲中國患 觀乎此 則桑海之互變 可知也

虛子曰　地之有震　山之有遷　何也

實翁曰　地者活物也　脉絡榮衛　實同人身　特其體大持重　不如人身之跳動　是以少有變　則人必恠之　妄測其灾祥也

其實水火風氣周行流注　閡而成震　激而推遷　其勢然也

虛子曰　地之有溫泉鹽井　何也　實翁曰　太虛者　水之精也　太陽者　火之精也　地界者　水火之查滓也　地非水火　不能生活　旋轉定位　化成萬物　水火之力也　夫溫泉鹽井　水火之相盪也

虛子曰　然則人之死也　葬不得其地　則風火之爲灾　亦有其理歟

實翁曰　水火風氣　運行有脉　遇實則走　遇虛則集　葬失其道　灾必立至　翻覆焦坼　化生蟲廉　骨骸朽散　不得安厝

虛子曰　方其葬人　土性淨潤　水火風蟲　無所形現　及其發開舊壙絶少安吉　何也

實翁曰　善哉問也　人之於父母　生則致其養　死則致其敬　遺書遺服　尊奉而謹藏之　敬之至也　況於遺骸乎　宅兆者　遺骸之藏也　敢不敬謹也

雖然　布帛衣衾　養生之具也　棺槨旌翣　美觀之文也　入土則腐汚穢遺骸　惟務目下之美觀　不念畢竟之汚穢　可謂孝且智乎

況虛必引物　地之理也　旌翣之備而槨虛　衣衾之腐而棺虛　瀝靑灰石之堅而壙虛　水火蟲風　皆由於虛　哀哉　藏父母之遺骸　內被腐穢　外引風火　肢節焦散　不保其體　於人心其能恔乎

夫土者　物之母也而生之本也　文繡不足以擬其美　珠玉不足以擬其淨　惟人生血肉　濕處則病　服用采色　近地則污　是以高堂重茵遠土以爲貴　陶穴藉處　近土以爲賤

人習故常　遂忘其本　及其死也　衾冒襲斂　惟恐其不厚　棺槨灰石惟恐其不堅　深憂永圖　惟遠土是謀

殊不知死生異道　貴賤殊物　黃中溫潤　莫貴於土　眞美眞淨　實爲遺骸之寶藏也

是以不封不樹　太古之已愨也　包布裸葬　達士之弔詭也　茶毗舍利　佛氏之淨法也　聖周瓦棺　聖人之中制也

虛子曰　然則太上茶毗　其次裸葬　安用封樹聖瓦爲哉

實翁曰　葬師主義　葬親主恩　西竺之敎　割恩而立義　中國之敎屈義而伸恩　王孫裸葬　矯俗之激也

生于中國　自有其義　崇其儉節其文　不忘其本　參以時義　勿循俗習　永思安厝　夫平原高崗　俱是福地　何有於風火之災　此爲人子之所當知也

盖成周尙文　禮物太備　孟氏距墨　力排薄葬　重棺明器之具　無土親膚之論　不能無流弊也

虛子曰　宅兆有吉凶　子姓有禍福　一氣感應　亦有其理乎

實翁曰　重囚在獄　宛轉楚毒　至不堪也　未聞重囚之子身發惡疾況於死者之體魄乎

雖然 技術之妄 實無其理 傳信之久 衆心合靈 想無成有 往往
有中人之機巧 天亦隨之 鑠金銷骨 自有其理

夫天文之祥祲 卜筮之休咎 禱祀之格響 地術之禍福 其理一也

蔡季通之得罪也 悔遷人墓 夫無故改葬 宜其罪悔 惟崇信左術
實爲罪悔之本

况紫陽之山陵議狀 專主術說 甚矣臺史 言出儒宗 人不敢議 異
說鴟張 天下若狂 訟獄繁興 人心日壞 流弊之酷 奚啻頓悟事功之
比而已哉

虛子曰 天地之體形情狀 旣聞命矣 請卒聞人物之本 古今之變
華夷之分

實翁曰 夫地者虛界之活物也 土者其膚肉也 水者其精血也 兩
露者其涕汗也 風火者其魂魄榮衛也 是以水土釀於內 日火熏於外
元氣湊集 滋生衆物 草木者地之毛髮也 人獸者地之蚤蝨也

巖洞土窟 氣聚成質 謂之氣化 男女相感 形交胎產 謂之形化

邃古之時 專於氣化 人物不繁 鍾禀深厚 神智淸明 動止純厖
養生不資於物 喜怒不萌於心 呼吸吐納 不飢不渴 無營無欲 遊戲
于于 鳥獸魚鼈 咸遂其生 草木金石 各葆其體 天無淫沴之灾 地
無崩渴之害 此人物之本 眞太和之世也

降自中古 地氣始衰 人物生成 轉就駁濁 男女相聚 乃生情欲
感精結胎 始有形化 自有形化 人物繁衍 地氣益泄而氣化絕矣 氣

196

化絶則人物之生　專稟精血　滓穢漸長　淸明漸退　此天地之否運　禍亂之權輿也

男女形交　精血耗竭　機巧攻心　神火焦熬　內有飢渴之患　外有寒暑之苦　囓草飲水　以充飢渴　巢居穴處　以御寒暑　於是萬物各私其身而民始爭矣

草水之薄而濫以佃漁　鳥獸魚鼈　不得遂其生矣　巢穴之陋而侈以棟宇　草木金石　不得葆其體矣　膏粱適其口而臟腑脆矣　布帛暖其體而支節解矣　園囿臺榭陂塘之役作而地力損矣　忿怒怨詛淫穢之氣昇而天災現矣

於是勇智多欲者生於其間　驅率同心　各占雄長　弱者服其勞　强者享其利　割裂疆界　睢盱兼幷　治兵格鬪　張拳肉薄　民始傷其生矣

巧者運技　挑發殺氣　鍊金刳木　凶器作矣　刀戈之銳　弧矢之毒　爭城爭地　伏尸原野　盖生民之禍至此而極矣

冀方千里　號稱中國　負山臨海　風水渾厚　日月淸照　寒暑適宜　河嶽鍾靈　篤生善良　夫伏羲神農黃帝堯舜氏作而茅茨土階　身先儉德　以制民產　欽文恭讓　躬行明德　以敷民彝　文敎洋溢　天下熙皥　此中國所謂聖人之功化至治之世也

因時順俗　聖人之權　制治之術也　夫太和純厖　聖人非不願也　時移俗成　禁防不行　逆而遏之　其亂滋甚　則聖人之力　實有不逮也　故曰居今之世　欲反故之道　裁及其身

情欲之感　既不可禁　則婚姻之禮　夫婦定偶　禁其淫而已　宮室之居　既不可禁　則蔀屋蓬藋　不礱不斲　禁其華而已　魚肉之食　既不可禁　則釣而不網　厲禁山澤　禁其濫而已　布帛之服　既不可禁　則老少異制　上下有章　禁其侈而已

是以禮樂制度　聖人所以架漏牽補　權制一時　而情根未拔　利源未塞　勢如防川　畢竟潰決　聖人已知之矣

夏后傳子而民始私其家　湯武放殺而民始犯其上　非數君之過也　至治之餘　衰亂之漸　時勢然矣

夏忠商質　比唐虞則已文矣　成周之制　專尚夸華　降自昭穆　君綱已替　政在列侯　徒擁虛器　寄生於上　不待幽厲之傷而天下之無周久矣

靈臺辟雍　遊觀美矣　九鼎天球　寶器藏矣　玉輅朱冕　服御侈矣　九嬪御妻　好色漁矣　洛色鎬京　土木繁矣　夫秦皇漢武　其有所受之矣

且捨微箕而立武庚　殷道不復　興周之微意　焉可諱也　及成王初立　管蔡鬩墻　三年東征　缺戕破斧　八誥妹邦　頑民梗化　周之代殷　其能無利天下之心乎

孔子贊舜　以德爲聖人　及武王則曰不失天下之令名　稱泰伯以至德　語武則曰未盡善也　孔子之意　大可見也

自周以來　王道日喪　霸術橫行　假仁者帝　兵彊者王　用智者貴

善媚者榮 君之御臣 啗以寵祿 臣之事君 餂以權謀 半面合契 隻
眼防患 上下掎角 共成其私 嗟呼咄哉 天下穰穰 懷利以相接

儉用蠲租 非以爲民也 尊賢使能 非以爲國也 討叛伐罪 非以禁
暴也 厚往薄來 不寶遠物 非以柔遠也 惟守成保位 沒身尊榮 二
世三世傳之無窮 此所謂賢主之能事 忠臣之嘉猷也

或曰 木石之灾 肇於有巢 鳥獸之禍 創於包羲 飢饉之憂 由於
燧人 巧僞之智 華靡之習 本於蒼頡 縫掖之偉容 不如左袵之便易
揖讓之虛禮 不如膜拜之眞率 文章之空言 不如騎射之實用 暖衣
火食 體骨脆軟 不如羶幕湩酪 筋脉勁悍 此或是過甚之論 而中國
之不振則所由來者漸矣 混沌鑿而大樸散 文治勝而武力衰 處士橫
議 周道日蹙 秦皇焚書 漢業少康 石渠分爭 新莽簒位 鄭馬演經
三國分裂 晉氏清談 神州陸沈

六朝附庸於江左 五胡跳盪於宛洛 拓跋正位於北朝 西凉一統於
唐祚 遼金迭主 合於松漠 朱氏失統 天下薙髮 夫南風之不競 胡
運之日長 乃人事之感召 天時之必然也

虛子曰 孔子作春秋 內中國而外四夷 夫華夷之分 如是其嚴 今
夫子歸之於人事之感召 天時之必然 無乃不可乎

實翁曰 天之所生 地之所養 凡有血氣 均是人也 出類拔華 制
治一方 均是君王也 重門深濠 謹守封疆 均是邦國也 章甫委貌
文身雕題 均是習俗也 自天視之 豈有內外之分哉

是以各親其人　各尊其君　各守其國　各安其俗　華夷一也

夫天地變而人物繁　人物繁而物我形　物我形而內外分

臟腑之於肢節　一身之內外也　四體之於妻子　一室之內外也　兄弟之於宗黨　一門之內外也　鄰里之於四境　一國之內外也　同軌之於化外　天地之內外也　夫非其有而取之謂之盜　非其罪而殺之謂之賊　四夷侵疆　中國謂之寇　中國瀆武　四夷謂之賊　相寇相賊　其義一也

孔子周人也　王室日卑　諸侯衰弱　吳楚滑夏　寇賊無厭　春秋者周書也　內外之嚴　不亦宜乎

雖然　使孔子浮于海　居九夷　用夏變夷　興周道於域外　則內外之分　尊攘之義　自當有域外春秋　此孔子之所以爲聖人也